中国人民大学·政治经济学大讲堂

完善中国特色社会主义政治经济学理论体系十讲

本书编写组◎著

U0912429

中国人民大学出版社

·北京·

本书编写组成员

（以文章顺序为序）

顾海良（教育部）

李建平（福建师范大学）

高德步（中国人民大学）

何自力（南开大学）

方福前（中国人民大学）

王立胜（中国社会科学院）

杨承训（河南财经政法大学）

洪银兴（南京大学）

裴长洪（中国社会科学院）

邱海平（中国人民大学）

前　言

自2015年以来，习近平总书记不仅提出了“中国特色社会主义政治经济学”这一重要范畴，而且深刻阐明了创新发展当代马克思主义政治经济学、中国特色社会主义政治经济学的原则和方向等一系列重大问题，给中国经济学特别是中国特色社会主义政治经济学的发展和建设指明了方向。在习近平总书记系列重要讲话精神的鼓舞下，近几年来，我国政治经济学特别是中国特色社会主义政治经济学研究空前活跃，取得了许多重要理论成果和学术进展。

“中国特色社会主义政治经济学”的提出，是中国特色社会主义制度、道路、理论和文化自信的集中体现。在建设中国特色社会主义现代化强国和实现民族伟大复兴的新征程中，中国特色社会主义政治经济学将发挥极其重要的理论基础和实践指导作用。努力构建和不断完善中国特色社会主义政治经济学理论体系，使中国经济学创新发展并自立于21世纪世界经济学强国之林，不仅是中国政治经济学界的重大历史责任，也是中国整个理论经济学界责无旁贷的光荣历史使命。

从当前整个世界的理论经济学现状来看，马克思主义经济学、新古典经济学、凯恩斯主义经济学是公认的三大理论经济学体系。除此之外，还存在演化经济学、后凯恩斯主义经济学等众多非主流经济学流派。毫无疑问，所有这些人类已有的经济学成果，都是构建中国特色社会主义政治经济学的重要思想渊源。正如马克思主义经济学是通过批判继承包括古典政治经济学在内的一切已有经济学成果方才得以创立一样，中国特色社会主义政治经济学理论体系的构建和完善，必然需要通过全面吸收和借鉴到目前为止的所有经济学优秀理论成果来实现。毫无疑问，这样一个全新的经济学理论体系的创建必然是一个复杂和艰辛的探索过程。除此之外，作为中国特色社会主义经济实践的理论概括和总结，中国特色社会主义政治经济学必然随着中国实践的发展而不断丰富和完善。从这个意义来说，构建一个能够与当代已有的主流经济学并驾齐驱的新的经济学理论体系和范式，必将是一个长期的过程。

为了深入贯彻落实习近平总书记关于坚持发展马克思主义政治经济学和中国特色社会主义政治经济学的系列重要讲话精神，加强马克思主义政治经济学的研究与运用，加强中国特色社会主义政治经济学的理论创新和学术体系的建构，推进充分体现中国特色、中国风格、中国气派的经济学科建设，更好服务于我国新时期经济改革和发展实践，中国人民大学经济学院和中国特色社会主义经济建设协同创新中心于2017年4月7—10日举办了“政治经济学大讲堂”第四期——“完善中国特色社会主义政治经济学理论体系”高级研修班。顾海良、李建平、高德步、何自力、方福前、王立胜、杨承训、洪银兴、裴长洪、邱海平等著名经济学者，分别围绕马克思经济学的“道路”与中国特色“系统化的经济学说”、中国特色社会主义政治经济学的研究对象和方法、中国价值传统的现代转型与中国经济学的当代建构、关于坚持和发展中国特色社会主义政治经济学的几个重大原则、西方经济学与中国特色社会主义政治经济学、中国特色社会主义政治经济学历史论纲、社会主义市场经济理论创新和发展、中国特色社会主义政治经济学之经济发展理论的创新、中国特色开放型经济理论研究纲要、《资本论》与中国特色社会主义政治经济学等专题，进行了精彩的授课和深入研讨。来自全国高校和科研机构等各方面的二百余名学员参加了本期高级研修班的学习和交流，取得了良好效果。

为了帮助大家学习和研究中国特色社会主义政治经济学，不断完善中国特色社会主义政治经济学理论体系，我们在以上讲课成果的基础上，编写了《完善中国特色社会主义政治经济学理论体系十讲》，由中国人民大学出版社出版，以飨读者。

当代中国正经历着我国历史上最为广泛而深刻的社会变革，也正在进行着人类历史上最为宏大而独特的实践创新。这种前无古人的伟大实践，必将给理论创造、学术繁荣提供强大的动力和广阔的空间。我们要担负起历史赋予的光荣使命，立足我国国情和我国发展实践，揭示新特点新规律，提炼和总结我国经济发展实践的规律性成果，把实践经验上升为系统化的学说，创造出无愧于时代和人民的优秀理论成果，并为世界发展贡献中国智慧。愿我们一起共同努力，为中国特色社会主义政治经济学的创建和发展做出应有的贡献！

刘伟

目　录 Contents

马克思经济学的“道路”与中国特色“系统化的经济学说”

顾海良

我们知道，哲学社会科学的创新主要体现在理论创新、体系创新和方法创新三个方面。就哲学社会科学的发展常态来看，理论创新和体系创新的关键是方法创新，如果没有方法创新，就不可能有理论创新。理论创新的核心是“术语的革命”，而“术语的革命”正是以方法创新为前提的。同样，只有方法创新才可能有进一步的体系创新。方法创新是理论创新的前提和基础，而体系创新又是以方法创新和理论创新为前提和基础的。

依此来看，在唯物史观创立之前，马克思还没有方法的创新，他甚至对亚当·斯密和大卫·李嘉图政治经济学中的劳动价值论多有质疑，持不赞成的态度。唯物史观的创立实现了方法创新，马克思旋即由劳动价值论的“质疑者”变成劳动价值论的“赞同者”。1847 年的《哲学的贫困》体现了马克思经济思想的第一次转变，1857 年 8 月《〈政治经济学批判〉导言》（以下简称《导言》）的写作，奠定了马克思经济思想第二次转变的方法论基础。我们可以看到，在《1857—1858 年经济学手稿》写作时，马克思在从劳动价值论的“赞成者”变成“创新者”的同时，也实现了马克思政治经济学理论创新和体系创新。

2017 年，《资本论》第一卷出版 150 周年，严格来讲，应当是《资本论》第一卷德文第一版出版 150 周年，这应该是政治经济学学术上的正确表达。我们现在读的《资本论》第一卷并不是德文第一版的译本，而是由恩格斯所编辑形成的德文第四版的译本。《资本论》第一卷第四版在结构上由 7 篇 25 章构成，而《资本论》第一卷德文第一版分作 6 章。马克思在《资本论》中阐释的价值形式历史与逻辑发展四个阶段的理论，在《资本论》第一卷德文第一版中还是双重论述，主要内容被当作“附录”来对待，没有列为正文。现在讲《资本论》第一卷出版 150 周年，必须强调是《资本论》第一卷德文第一版出版 150 周年。我极为简单地讲这一过程，主要是要说明，《资本论》在理论、体系和方法上是不断创新的，是与时俱进的。

以下，我主要讲三个问题。

一、《导言》与政治经济学方法的两条“道路”

我们在纪念《资本论》第一卷德文第一版出版 150 周年时，还要纪念《导言》出版 160 周年。《导言》在马克思经济学方法创新上，起着非常重要的作用。理论创新和方法创新出现了，同时也要把方法应用于政治经济学的具体分析之中。我们现在通常所讲的“范式”，就是方法在理论体系中运用的体现和反映。讲马克思经济学方法，我选取马克思关于政治经济学“道路”的角度来讲。这里讲的“道路”，不是指经济发展的道路，而是指马克思关于方法论的说法。

马克思在1857年8月撰写的《〈政治经济学批判〉导言》中提出了“两条道路”的问题：“第一条道路”是从具体现实出发，抽象出问题的概念、范畴；“第二条道路”是从简单的理论范畴通过抽象上升到具体的过程，达到最具体、最复杂的范畴，这是一个在思维中以理论体系“再现”的过程。

《导言》在对“政治经济学的方法”进行阐释时，一开始就区分了政治经济学方法上的两条“道路”，并认为只有“第二条道路”即“抽象上升到具体的方法”的“道路”，才是政治经济学的“科学上正确的方法”。在“抽象上升到具体的方法”中，抽象“上升”到具体，绝不是抽象“产生”具体本身的过程，而是“思维用来掌握具体、把它当做一个精神上的具体再现出来”的过程，是建立政治经济学体系的“正确的方法”。①

大家一定要注意，马克思在《导言》中所说的“政治经济学的方法”，不能按照习惯的说法，讲成“政治经济学的研究方法”。这是不符合马克思思想本意的。马克思这里讲的“政治经济学的方法”，专指建立科学体系的方法。在解读《导言》第三节时，一定要把它看作马克思对建立政治经济学体系方法的探索，而不是泛泛地讲方法，更不是讲研究方法。

马克思认为：“第一条道路”是指“完整的表象蒸发为抽象的规定”的方法。这种方法的特点在于“从实在和具体开始，从现实的前提开始”②。“第一条道路”对于建立政治经济学体系来说，显然“是错误的”。“第一条道路”是错误的，“第二条道路”是正确的。那么，这是不是可以认为，马克思主义政治经济学体系只能沿着“第二条道路”，即从抽象上

---

① 马克思，恩格斯．马克思恩格斯文集：第8卷．北京：人民出版社，2009：24-25.

② 同①24.

升到具体才能形成呢？有的学者认为，既然马克思讲抽象上升到具体是唯一科学的方法，那么我们要建立中国特色社会主义政治经济学体系，也只能运用抽象上升到具体的方法。与这个问题相关，在讨论到政治经济学起始范畴时，马克思确定的《资本论》的起始范畴是商品，中国特色社会主义政治经济学体系也应该是类似商品这样的抽象范畴。甚至有的学者认为，中国特色社会主义政治经济学体系的起始范畴也是商品。在这些问题上，大家争论不休。

我们似乎陷入了一种思维定式中，即认为“从抽象上升到具体”是马克思经济学的唯一方法。究竟是不是这样的？马克思经济学道路中的“第二条道路”专指什么？建立中国特色的“系统化的经济学说”，“第一条道路”是否也有其科学价值？我们能否走出中国特色社会主义政治经济学理论体系建立的新的“道路”？这些是我们应该探讨的问题。

首先要搞清楚《导言》与政治经济学的“两条道路”的问题。马克思的《导言》是为当时建立政治经济学理论体系而写的。在《导言》写作的过程中，他发现，一开始就把最终的结论在《导言》中预先告诉读者并不十分合适，马克思由此而中断了《导言》的写作。但是，《导言》切实阐释了马克思对政治经济学体系建设的三大问题的基本观点，即政治经济学的对象、方法和结构这三个问题的基本观点。

对象就是生产和交换、分配、消费的关系。马克思对此做出的阐释的创新点是：明确地提出这四个环节是生产和交换、分配、消费，对四个环节中生产的决定性作用做了强调，其他三个环节在一定条件下也有反作用。要突出生产在这一经济关系中的关键的、决定性的作用。

四个环节构成经济关系的“总体”，构成“总体”中的相互关系。卢卡奇依据马克思的“总体”方法，提出过“总体与个体相比具有至高无上的优越性”。也就是说，对象必须置于一定的社会经济关系下，才可能有经济科学的产生。政治经济学研究的不是“生产一般”，而是“生产特殊”。只有在既定“总体”内的“生产特殊”中的经济问题，才是真实的经济问题；在既定“总体”之外的经济问题，并不是真实的经济问题，而是马克思当时说的“幻想的、虚假的”经济问题。

“总体”是先行的，“总体”是既定的，政治经济学总是以一定的经济关系为前提的。比如说，“主体是人，客体是自然”是最一般的理解，但这个最一般的理解，对经济学来讲是毫无意义的，因为经济学研究的恰恰不是一般而是特殊。这是马克思经济学的基本的出发点，在方法论上设定一定的社会经济关系，而不是虚无的经济关系。所以《导言》在讲四个环节的关系时，破除了当时流行于各种经济学中的把四个环节割裂开来的或者将其并列起来的错误观点，确定了政治经济学对象的社会性和历史性。这是马克思《导言》中确定的方法论的核心要义。这一核心要义在《资本论》中就体现为商品、货币和资本这些范畴从抽象上升到具体的过程，构成了我们对马克思政治经济学的基本认识。

马克思为什么认为“第一条道路”从具体实际出发上升到理论范畴是“错误的”呢？马克思提到：“17 世纪的经济学家总是从生动的整体，从人口、民族、国家、若干国家等等开始；但是他们最后总是从分析中找出一些有决定意义的抽象的一般的关系，如分工、货币、价值等等。这些个别要素一旦多少确定下来和抽象出来，从劳动、分工、需要、交换价值等等这些简单的东西上升到国家、国际交换和世界市场的各种经济学体系就开始出现了。”① “第一条道路”从实际和具体开始，从现实前提开始，从现实出发得到理论范畴，是完整的表象蒸发为抽象。问题的关键在于，《导言》所讲的是“政治经济学体系建立”的方法，在这个问题界域内，“第

---

① 马克思，恩格斯. 马克思恩格斯文集：第 8 卷. 北京：人民出版社，2009：24.

一条道路”就是错误的。只是从这个角度来看，这条道路才是错误的。这里并没有否认“第一条道路”在政治经济学其他方面的正确意义。

马克思所讲的“第一条道路”是存在的，存在于什么地方呢？一是存在于现实问题的研究过程中。二是存在于经济思想史过程中，在17世纪中叶刚刚发端的政治经济学，就是从现实具体的问题上升到理论范畴，这些理论范畴为后来的经济学体系提供了基础和条件。没有这个过程就不会有抽象上升到具体，也就是说，从具体问题研究出发到抽象理论结论在经济思想史上是有意义的。三是在政治经济学的问题研究上是有意义的，是从问题出发、以问题为导向的方法。马克思讲过，他最初对政治经济学的研究，就是“从当前的国民经济的事实出发”①。用我们现在的话来说，就是从当下的国情出发，从当前正在发展变化的经济关系现实出发。

由此来看马克思提出的“第一条道路”，就是混沌的整体尚未有序化，有序化的结果就是经济学范畴的提出，从现实具体出发的这一思维上的反复过程，就是“第一条道路”的意义。然后才有“第二条道路”，对经济范畴的抽象上升到具体的思维上的“再现”，来建立政治经济学体系。在思维中“再现”的具体，这个具体不再是混沌的表象，而是“有序的总体”。我们现在讲的复杂系统、复杂问题，混沌经过思维上的抽象上升到具体的“再现”，才能变“混沌”为“有序”的总体，只有这个过程才能把理论体系表达出来。所以“第二条道路”是正确的，尽管“第一条道路”构成了“第二条道路”的前提和基础，但它本身不能成为建立政治经济学体系的方法。我们可以看到，马克思否定“第一条道路”，只是限于政治经济学理论体系建设界域，并不否定“第一条道路”在政治经济学思想史上的意义，也不否定其在政治经济问题研究上的意义。

---

① 马克思，恩格斯．马克思恩格斯文集：第1卷．北京：人民出版社，2009：156.

二、1873 年的“第二版跋”对政治经济学方法论的论述

如果只是局部而不是总体地看，“从抽象上升到具体”好像是先验构想的结果。马克思在《资本论》第一卷德文“第二版跋”中，针对这个疑惑做了说明，这就是关于政治经济学“研究方法”和“叙述方法”的问题，这是马克思关于政治经济学方法最完整的表达。“研究方法”和“叙述方法”作为方法创新，是马克思唯物辩证法和唯物史观方法论，在政治经济学理论创新和体系创新中运用的全面而具体的体现。

马克思指出：“在形式上，叙述方法必须与研究方法不同。研究必须充分地占有材料，分析它的各种发展形式，探寻这些形式的内在联系。只有这项工作完成以后，现实的运动才能适当地叙述出来。这点一旦做到，材料的生命一旦观念地反映出来，呈现在我们面前的就好像是一个先验的结构了。”[①] 实际上，“研究方法”就是马克思在《导言》中讲的“第一条道路”，而“叙述方法”正是马克思讲的“第二条道路”。研究方法与叙述方法不同，研究方法在第一环节必须充分占有资料，第二环节则分析它的各种发展形式，第三环节就是寻求这些形式的内在联系。

1857 年之前，在马克思经济思想以研究为主的发展过程中，他就完整地走过了这三个环节，在这一过程中，马克思写下了 300 多万字的研究笔记。这些材料集中体现于马克思的《巴黎笔记》《伦敦笔记》中。然后，马克思又从这些形式的内在联系中找寻一些规律性的东西。《巴黎笔记》

---

① 马克思，恩格斯. 马克思恩格斯文集：第 5 卷. 北京：人民出版社，2009：21-22.

中有马克思的见解，《伦敦笔记》中可以看到他的货币体系及其发展形式、货币的职能等比较完整的研究性分析。

这些研究完成以后，才有《资本论》叙述的开始。叙述方法是以研究方法为前提的，研究方法达到什么程度叙述方法才能达到什么程度。马克思认为，他的《资本论》理论体系是长期研究的结果，是他长期研究西欧的特殊的情况、特殊的历史、特殊的文化的结果。就像我们现在讲的，中国特色社会主义政治经济学，要以研究中国的经济问题、中国特殊的国情、中国特殊的历史和文化为前提、为基础。

马克思在以研究为主的政治经济学阶段撰写的著述也是现实的、具体的经济关系问题。在《1844 年经济学哲学手稿》中，马克思一开始研究的就是工资、利润、地租这样一些具体的问题。从现实实际出发，马克思得出了一系列反映实际关系的理论结论。《哲学的贫困》《雇佣劳动与资本》《关于自由贸易问题的演说》这三篇著述在马克思以研究为主的经济思想发展阶段占有非常重要的位置。这一重要性首先体现了马克思方法论的重要进展，体现了对古典政治经济学理论的历史的辩证分析；其次体现了马克思对经济关系的探讨；最后说明了马克思的经济学研究从一开始就没有脱离现实经济问题。《关于自由贸易问题的演说》关注的是 19 世纪 40 年代末曼彻斯特学派乃至整个欧洲经济学界争论的焦点问题，是那个时期政治经济学研究最热门的话题。这就告诉我们，马克思政治经济学研究一开始就没有脱离现实经济问题。

我们在探索马克思经济学的来源问题上，有一个不甚正确的说法，即认为马克思经济学只是在批判古典经济学中发展起来的。实际上，马克思经济学也是在对现实经济关系问题的研究中发展起来的，现实经济关系和那个时代的经济理论与现实也是马克思经济思想的来源，而不仅仅来源于古典政治经济学。

我曾经做过比较机械的统计，发现马克思在《资本论》第一卷中提到的经济学家中，有经济学著作和经济学理论观点的大概有200多位，其中1843年马克思开始研究经济学时已经去世的经济学家不到一半，1843年后还活跃在欧美经济学界的经济学家超过50%。马克思在《资本论》第一卷中主要论战的对象，如在专门章节中做出论战的西尼尔、威克菲尔德，就是当时主流经济学流派的重要人物。美国经济学家凯里也是当时非常活跃的经济学家。1857年，马克思从批判凯里的经济学理论切入，回答了当时主流经济学关注的一些重大理论问题。马克思在实现政治经济学的革命和创新中，从来没有脱离现实经济问题而只从事纯粹的经济学理论体系的研究。

马克思有过以研究方法为主的经济思想发展过程，也有过以叙述方法为主的经济思想发展过程。1843—1857年是马克思以研究方法为主的经济思想发展阶段。从1857年的《导言》起，马克思转为以叙述方法为主的经济思想发展阶段，从这时起，马克思开始进入创立自己的政治经济学体系的过程。

马克思在1857年之前的以研究方法为主的经济思想发展过程中，同样有经济学上的重要成果，如《哲学的贫困》《雇佣劳动与资本》《关于自由贸易问题的演说》，这也是他整个政治经济学体系中的重要成果。

出版于1847年的《哲学的贫困》，先于《资本论》第一卷德文第一版20年问世，到2017年正好出版170周年。《哲学的贫困》这一文本比较特殊。原来我们读《哲学的贫困》感觉不太容易理解，现在蒲鲁东《贫困的哲学》中文版已经出版了，对照着读，更能体会到《哲学的贫困》中马克思对政治经济学方法论论述的意蕴。《贫困的哲学》分为十四章，第一章讲宗教社会问题，第二章围绕政治经济学的价值理论展开，第三章到第十四章是对经济关系十个阶段的研究。马克思的《哲学的贫困》并未对蒲鲁东的书逐章做出批判，只指出了它在价值理论、分工、竞争、垄断这些问题上的错误。最令人感兴趣的是《哲学的贫困》第二章第一节，马克思对方法论的七个问题做出了阐释。这是马克思政治经济学方法论的表达。开头四个问题是关于政治经济学理论的方法，第五、第六、第七个问题是关于经济思想史的方法。我们以往对这七个问题的理解过于简单了。第一个问题讲政治经济学范畴的“来历”，第二个问题讲范畴的历史性和社会性，第三个问题讲范畴与社会生产关系的整体性，第四个问题讲范畴之间的辩证的逻辑关系。接着的第五、第六和第七个问题，讲了经济思想史的方法论问题。为什么有的原理出现在18世纪，而不出现在其他的某个世纪，有的经济思想只产生于17世纪？马克思集中讲了经济思想产生的历史性、社会性及其内在联系问题，讲了经济学的“剧中人”和“剧作者”的关系问题。经济思想家作为“剧中人”和“剧作者”的双重身份，说明经济思想史家自身的立场、观点和方法在经济思想史研究中的作用和意义。

1857年以后以叙述方法为主的政治经济学过程，在总体上分为两个阶段：第一阶段以《导言》为起点，以写作总标题为《政治经济学批判》的著作为显著标志，跨度从1857年开始到1862年底这一时期；第二阶段从1862年底决定以《资本论》为总标题写作政治经济学著作为起点。在这两个阶段，马克思写了三部经济学手稿。

第一阶段是以《政治经济学批判》为经济学著作标题的叙述过程。这一阶段，马克思提出了政治经济学理论体系叙述的两个结构计划，即“五篇结构计划”和“六册结构计划”，相应地写了两部经济学手稿。

第一部手稿《1857—1858年经济学手稿》，是按照“五篇结构计划”写的。这一结构的纲要就是：第一篇，一般的抽象的规定；第二篇，资本、雇佣劳动、土地所有制；第三篇，资产阶级在国家形式上的概括；第四篇，生产的国际关系；第五篇，世界市场和危机。

《1861—1863年经济学手稿》是按照“六册结构计划”写的。这一结构计划的纲要就是：第1册《资本》，第2册《土地所有制》，第3册《雇佣劳动》，第4册《国家》，第5册《对外贸易》，第6册《世界市场》。其中，第1册《资本》分作四篇：第一篇《资本一般》，第二篇《竞争与许多资本》，第三篇《信用》，第四篇《股份资本》。再进一步，《资本一般》又分为“资本的生产过程”“资本的流通过程”“总过程的统一”。

马克思政治经济学体系结构的两次调整以及相应地写作出的这两部手稿说明，《导言》提出了“第二条道路”的方法论问题，在对政治经济学体系的实际叙述中，还有一个不断探索和完善的过程。在叙述过程中，还会有新的研究过程出现，时常有叙述和研究并列和交叉的过程。叙述过程有研究，研究推动了叙述的完善。在提出“五篇结构计划”时，马克思的资本和剩余价值理论还没有最后完成；在发现和创立了完整的资本和剩余价值理论之后，不仅叙述过程有了变化，而且经济学体系结构也有了重大调整，形成了“六册结构计划”。在对“六册结构计划”的叙述中，马克思进一步研究了生产价格理论和地租理论，使马克思在经济学理论及其体系结构上又发生了重要变化，最终形成了《资本论》“四卷结构”。

“六册结构计划”对“五篇结构计划”的调整，主要表现在原来五篇中的第二篇，分解为《资本》《土地所有制》《雇佣劳动》三册。原来第一篇关于生产一般的内容，放在《资本》册的开头作为概要叙述，不再独立成篇。马克思“六册结构计划”的演进表明，马克思政治经济学是一个包括国家对外经济关系，即国际经济关系的结构；同时也是一个包括国家内部经济关系的结构。马克思在19世纪60年代就提出国家在政治经济学中的地位，是值得我们思考和研究的。当时对于国家的经济职能的研究，大家都还停留在亚当·斯密的《道德情操论》和《国富论》的思维之中。斯密在《道德情操论》中提出“看不见的手”时，第一次工业革命还只初见端倪，斯密的理念显然是超前的，因为自由放任的市场经济是与第一次工业革命同步的。到18世纪70年代《国富论》发表时，工场手工业已经有了很大的发展，这时他提出了国家“守夜人”的问题。在《国富论》中，亚当·斯密认为政府有三个职能：第一，防止一个国家遭受另外一个国家的侵略，建立国防；第二，保护私人财产免遭掠夺，要维持社会安全和秩序；第三，提供必要的公共物品。这些形成了自由放任市场经济的“信条”。后来，这个自由放任的市场经济失灵了，当时李嘉图说资本主义不可能爆发经济危机，但在他去世后不到2年，1825年经济危机就无情地爆发了！西方主流经济学没有人对自由放任的市场经济提出质疑。马克思提出来了，马克思要研究在这个时期提出的经济危机理论，要研究国家的经济作用和经济职能问题。从1825年经济危机爆发起，过了111年，凯恩斯才在《就业、利息和货币通论》中对传统的自由放任经济学的“信条”做了抨击，提出了国家应该对经济进行干预的问题，即他所说的“国家总揽”的问题。所谓“凯恩斯革命”，就在于对市场完全能解决总供给和总需求的问题提出的质疑。凯恩斯在1936年提出的问题，马克思在1857年就已经纳入自己的政治经济学研究范围了。

《国家》这一册主要研究和叙述什么？马克思在写于1857年的《巴师夏和凯里》的短篇手稿中做了说明。当时，分别以巴师夏和凯里为代表的两大主流经济思想流派迎合了法国和美国这两个国家不同的经济政策，包括国家对外的经济关系处理上的不同政策。以法国为代表的经济学当时已经转到“贸易保护”，以美国的凯里为首的经济学家则大力倡导“贸易自由”。这两个国家政府对经济作用的影响不同，导致经济理论也有很大的差异。法国在当时的欧洲经济处于落后状态，不主张自由贸易，希望通过贸易保护维护自己国家的利益；而美国有发展上的优势，主张全球自由贸易，这是由两个国家发展的政策和国家发展的要求不同而产生的。马克思分析了两个国家由于国情的不同，其中包括经济体制和经济结构上的差异，导致经济学理论上的重要差别。

现在的市场经济是否等于古典的自由放任的市场主张？古典市场经济主张：第一，听任“看不见的手”发挥作用；第二，管得最少的政府是最好的政府。现在的市场经济增加了什么内容？凯恩斯理论之后增加了两条：第一，就是除了“看不见的手”，还要伸出另外一只“看得见的手”；第二，管得最合适的政府是最好的政府。宏观调控是市场经济内在因素还是外在因素？古典市场经济宏观调控是外在因素，现在市场经济宏观调控是内在因素。宏观调控是事后调控，计划调节是事前调节，所以计划不等于宏观调控，宏观调控是事后调控，国家有货币流量调控等。我们讲的计划调控、计划经济是事前调节，计划和市场不等于宏观调控市场，因为市场的自发性矛盾和滞后性需要事后调节，但是我们讲的计划经济和宏观调控不是一回事，这里要深入思考怎么把马克思高度关注的国家问题，纳入当代政治经济学的主要内容之中。

三、中国“系统化的经济学说”的“道路”选择

对中国特色社会主义政治经济学的研究，“第一条道路”显然有其意义。中国特色社会主义政治经济学，是以特殊的国情、特殊的历史、特殊的文化为基本社会历史背景的经济学。中国特色社会主义政治经济学，还不等于社会主义政治经济学，“第二条道路”似乎更适合于社会主义政治经济学体系建设。

“第一条道路”揭示的是政治经济学的研究过程及研究方法的三个环节。马克思建立《资本论》理论体系的时候，最初就是从问题出发，从当

前的国民经济事实的研究出发的，在这些问题上马克思主要走的是“第一条道路”，用的是研究方法，走的是研究过程。建立政治经济学体系的“第二条道路”的形成，有一个历史过程，就是刚才讲的17世纪中叶以来的经济学研究，这些研究为理论体系的建立提供了前提。

社会主义政治经济学的研究从否定社会主义经济学道路开始。1920年，布哈林提出了过渡时期的经济学，他完全否定社会主义政治经济学的存在，认为政治经济学研究的是被物与物掩盖的人与人之间的关系，社会主义中经济关系不再被物与物的假象蒙蔽，直接呈现了人与人之间的关系，政治经济学就成为多余的了。这在当时是占统治地位的经济学观点。1929年，斯大林为了破除对布哈林理论的盲从，公布了列宁读布哈林的书所做的批示，列宁对布哈林否定社会主义存在政治经济学的观点多有质疑，列宁实际上已经承认社会主义也有政治经济学。所以，社会主义政治经济学从1929年之后才有了“合法”地位。当时有这样两种观点：一种观点是承接20世纪二三十年代大家研究国民经济学的观点继续推进，就是研究现实的经济问题，就是20世纪以来从生产力、生产关系出发的研究；另外一种观点以斯大林的《政治经济学教科书》为代表，研究资本主义向社会主义过渡的问题，从过渡意义上来探讨社会主义经济学的出发点，也就是我们所讲的以生产资料所有制为出发点的政治经济学。这两种观点中，前一种观点似乎看重于“第一条道路”，第二种观点似乎看重于“第二条道路”。

我们现在对中国特色社会主义政治经济学的探索，要思考的是，怎样理解中国特色社会主义政治经济学同社会主义政治经济学之间特殊和一般的关系。中国特色社会主义政治经济学相对于社会主义政治经济学是特殊的，有它的独特国情内涵。同时，从斯大林去世到20世纪50年代中期，世界经济关系的现实已经是资本主义经济关系和社会主义经济关系的并存，这种并存是以矛盾、冲突和交流、合作之间的错综复杂的关系为特征的。尽管人类社会最终的历史趋势是社会主义经济关系取代资本主义经济关系，但在现实中还是两种经济关系的并存。这也是当今世界经济全球化背景下的“命运共同体”问题。以上这两个方面的问题，使得“第一条道路”在中国特色社会主义政治经济学探索中的地位和作用得到显现。

我牵头做的中宣部重大课题《中国特色社会主义政治经济学研究》中做了多方面的探索。现在形成了三个方案，或者说对三种理论体系方案进行了比较性的探索。我把这三个方案罗列如下，与大家共同探讨。

第一个方案是在《读懂中国发展的政治经济学》中提出的。这个方案，相当于我前面讲的独立的中国特色的社会主义政治经济学体系的探索。这里讲的“发展”，是指理论的成长和演进，也是指相对于中国道路而言的以发展为主题的政治经济学。这一方案结构如下：

1. 中国特色发展的政治经济学
2. 中国特色社会主义政治经济学的重大原则
3. 树立创新、协调、绿色、开放、共享新发展理念
4. 巩固和发展社会主义初级阶段基本经济制度
5. 加强国有经济的改革与发展
6. 坚持和完善社会主义基本分配制度
7. 实现全体人民的共同富裕
8. 坚持社会主义市场经济改革方向
9. 社会主义市场经济中市场的作用与政府的作用
10. 加快实施创新驱动发展战略
11. 主动适应、引领、把握经济发展新常态
12. 供给侧结构性改革的理论与实践
13. 农业、农民和农村的“三农”发展

14. 推进以人为核心的新型城镇化

15. “一带一路”建设

16. 发展更高层次的开放型经济

这一结构体系分作几个板块，其中第一大块是绪论性的，讲了三个问题：第一，中国特色社会主义政治经济学为什么是“发展的政治经济学”；第二，中国特色社会主义政治经济学的重大原则；第三，树立创新、协调、绿色、开放、共享的新发展理念。

1956年，毛泽东主席在《论十大关系》的调研过程中，提出了马克思主义基本原理与中国实际实现“第二次结合”的问题，这是中国特色社会主义政治经济学的历史起点，也是逻辑起点。这实际上就是中国特色政治经济学的“发展的”根本意义所在。

中国特色社会主义政治经济学的重大原则强调了四个主要的观点：一是要坚持发展和解放社会生产力；二是要坚持社会主义市场经济改革方向；三是要发挥各方面的积极性，调动人的积极性；四是要跨越“中等收入陷阱”，实现全面建成小康社会的目标。

新发展理念是指导，是主导。后面其他几个板块，从“发展”的内在要求上，以“发展”的问题为导向，对中国特色“系统化的经济学说”中的主要问题做了探索，其中主要有：巩固和发展社会主义初级阶段基本经济制度，加强国有经济的改革与发展，坚持和完善社会主义基本分配制度，实现全体人民共同富裕，坚持社会主义市场经济改革方向，社会主义市场经济中市场的作用与政府的作用等。

第二个方案是在《政治经济学简明教程》中提出的，包括四篇24章。具体结构体系如下：

绪论篇

1. 政治经济学的对象

2. 社会经济制度及其发展

3. 商品经济与市场经济

4. 马克思主义政治经济学的历史发展

5. 开拓当代中国马克思主义政治经济学新境界

资本主义政治经济学篇

6. 资本主义生产过程及本质

7. 剩余价值生产及其主要方式

8. 资本积累与资本主义积累一般规律

9. 资本循环与资本周转

10. 社会资本再生产

11. 资本职能形式与剩余价值分割

12. 垄断资本主义及其发展阶段

13. 资本主义经济危机及其历史趋势

社会主义政治经济学篇

14. 社会主义经济关系的产生及其本质

15. 社会主义所有制形式及其结构

16. 社会主义市场经济体制

17. 国家经济职能与宏观调控

18. 社会主义分配制度与社会共同富裕

19. 区域经济协调发展与城乡一体化

20. 经济发展的战略与规划

21. 开放与对外经济关系

国际经济关系篇

22. 经济全球化的形成及本质

23. 国际经济关系与人类命运共同体

24. 国际经济关系的治理及其趋势

在社会主义政治经济学部分，列出八大问题，把经济关系的产生放在最前面，作为衔接资本主义经济关系和社会主义经济关系的链接。根据我们对政治经济学的研究，社会主义基本经济制度，应该是以所有制和分配制度两个方面来定性。

现在，我在思考第三个方案，思考中国社会主义政治经济学体系，也就是中国特色“系统化的经济学说”的“道路”选择问题。具体设想如下：

1. “系统化的经济学说”作为中国特色社会主义政治经济学的发展形式，是以中国社会主义经济建设和经济关系的实际为基础的

1956年中国社会主义基本经济制度确立时，毛泽东发表的《论十大关系》讲话是这一“系统化的经济学说”的创始之作。毛泽东“以苏联的经验教训为鉴戒，提出了要创造新的理论、写出新的著作，把马克思列宁主义基本原理同中国实际进行‘第二次结合’，找出在中国进行社会主义革命和建设的正确道路，制定把我国建设成为一个强大的社会主义国家的战略思想”。

2.1 解放和发展社会生产力理论，是中国特色的“系统化的经济学说”的主线

2.2 新发展理念是中国特色的“系统化的经济学说”的主导

2.3 社会主义市场经济理论是中国特色的“系统化的经济学说”的主题

3.1 中国特色社会主义政治经济学的根本立场，就是要牢牢坚持以人民为中心的发展思想，把增进人民福祉、促进人的全面发展、朝着全体人民共同富裕方向稳步前进作为经济发展的出发点和落脚点

3.2 中国特色社会主义政治经济学的根本理念，就是坚持创新、

协调、绿色、开放、共享的发展理念，这是我们推动经济发展获得的感性认识的理论升华，是管全局、管根本、管长远的全新理念，是引领中国经济发展思路和方向的先导

4.1　社会主义基本经济制度和市场经济整体理论。坚持和完善社会主义基本经济制度，毫不动摇地巩固和发展公有制经济，毫不动摇地鼓励、支持、引导非公有制经济发展；发展和完善社会主义市场经济体制，市场在资源配置中起决定性作用和更好发挥政府作用的理论，坚持辩证法、两点论

4.2　社会主义生产关系和分配关系的系统理论。努力推动居民收入增长和经济增长同步、劳动报酬提高和劳动生产率提高同步；使发展成果更多更公平地惠及全体人民，朝着共同富裕的方向稳步前进

5.1　经济发展新常态理论是以我国社会生产力发展整体格局变化为基本依据，经济发展新常态理论提出要积极推进各个领域的改革，切实完成转方式、调结构的历史性任务，其理论基点和目标是实现我国社会生产力水平的整体跃升

5.2　供给侧结构性改革理论，既强调供给又关注需求，既突出发展社会生产力又注重完善生产关系和交换关系，既着眼当前又立足长远，其根本指向就是使我国供给能力更好满足广大人民日益增长、不断升级和个性化的物质文化和生态环境需要，从而更为全面地实现社会主义生产目的

6.1　中国特色社会主义对外开放基本国策的系统理论。统筹国内国际两个大局、用好国际国内两个市场两种资源的对外开放总体战略布局，发展更高层次的开放型经济，以开放的最大优势谋求中国经济社会的更大发展空间

6.2　以“一带一路”倡议为引导，构建互联互通互融的开放系

统，提升中国在全球经济治理中的制度性话语权。积极参与全球经济治理，同时坚决维护我国发展利益，积极防范各种风险，提高抵御国际经济风险的能力，确保国家政治经济安全

"系统化的经济学说"作为中国特色社会主义政治经济学的发展形式，是以中国社会主义经济建设和经济关系的实际为基础的。1956 年，中国社会主义基本经济制度的确立和毛泽东发表的"论十大关系"讲话，是这一"系统化的经济学说"的创始之作。今天，中国经济成为世界第二大经济体，有了产生科学理论的基础，但我们目前最主要的问题是理论储备不足，这需要我们进行探索。

这第三个方案，第一，确立了中国特色社会主义政治经济学的理论起点和历史起点，以中国特色的社会主义经济关系的实际为基础，强调了它的内在逻辑的统一性。

第二，提出了三个理论观点：一是解放和发展生产力，这是中国特色"系统化的经济学说"的主线；二是新发展理念，这是中国特色"系统化的经济学说"的主导；三是社会主义市场经济理论，这是中国特色"系统化的经济学说"的主题。

马克思关于经济体制的理解是大视野，读《德意志意识形态》就会知道。马克思认为，人类社会经济关系和经济方式在大趋势上就是从"自发"到"自觉"，无政府状态就是"自发"，有国家或全社会的计划或调控就是"自觉"，这是马克思的第一个假设。第二个假设就是，从"自发"到"自觉"的转变等同于从资本主义私有制到社会主义公有制的转变。国家或社会的宏观调控，就体现了主体对客体的自觉的调节。马克思没有去考虑，在"自发"的经济中会有部分"自觉"的进入。马克思没有想到，资本主义关系中完全的"自发"，也可能有局部的"自觉"进入；马克思也没有想到，后来的经济相对落后的国家首先实现了社会主义，这些处在初

级阶段的社会主义，还要利用“自发”的经济力量和调节能量，再加上调控和计划的优势和能量，形成“自发”和“自觉”混合的，并且逐步增加“自觉”的社会主义市场经济体制，最后达到马克思设想的高度“自觉”的未来经济关系，真正实现经济关系和经济体制上的必然王国向自由王国的飞跃。根据中国的国情，怎样才能让市场在资源配置上起决定性作用，更好发挥政府的作用？把“管得最合适的政府是最好的政府”这一观点，上升到一个主体调节更自觉的高度问题，是政治经济学探索的重要问题。

社会主义经济关系和经济体制中，由局部的“自发”和局部的“自觉”的混合，走向主体的“自觉”，最后达到充分的“自觉”，是一个非常漫长的历史过程，社会主义要完成的就是这样一个历史过程。这就要实现，一是以人的全面发展为目标，为圭臬；二是坚定不移地贯彻和实施五大发展理念；三是处理好市场和政府的关系，坚持“两点论、辩证法；四是形成适合于这一发展的具体经济理论；五是处理好开放的经济体系的理论和实践问题，也就是我们讲的国际经济关系问题。

现在，对中国特色社会主义政治经济学的探索，首先要从问题出发，坚持问题导向。同时，在理论体系上，要做更多的理性思考，在方法创新的基础上获得理论创新、体系创新的新进展。

我讲的这三个问题，希望能给大家带来一些启示。马克思经济学给我们提供了多方面的丰富的资源，如何结合中国发展的实际，与时俱进地推进中国特色社会主义政治经济学的发展和创新，是需要我们共同努力探索的。

中国特色社会主义政治经济学的研究对象和方法

李建平

习近平在2015年12月21日中央经济工作会议上第一次明确提出“中国特色社会主义政治经济学”这一概念。2016年7月8日，习近平主持召开经济形势专家座谈会，进一步明确指出，要“坚持和发展中国特色社会主义政治经济学……中国特色社会主义政治经济学只能在实践中丰富和发展，又要经受实践的检验，进而指导实践。要加强研究和探索，加强对规律性认识的总结，不断完善中国特色社会主义政治经济学理论体系”①。短短一段话中多处提到“中国特色社会主义政治经济学”。那么，什么是中国特色社会主义政治经济学呢？

一、中国特色社会主义政治经济学的当代新特征

（一）政治经济学本质上是一门历史的科学

习近平指出：“党的十一届三中全会以来，我们党把马克思主义政治

① 习近平对马克思主义政治经济学的新贡献. 人民日报，2016-07-09.

经济学的基本原理同改革开放的新的实践结合起来，不断丰富和发展马克思主义政治经济学，形成了当代中国马克思主义政治经济学的许多重要理论成果。”① 这段话表明：一是中国特色社会主义政治经济学姓“马”，是坚持以马克思主义政治经济学基本原理为指导的；二是又不完全等同于经典马克思主义政治经济学，而是其在当代中国的“丰富和发展”，可称之为 3.0 版的当代中国马克思主义政治经济学。

马克思主义政治经济学和其他事物一样，有一个产生和发展过程，不可能是一成不变的。马克思说：“辩证法对每一种既成的形式都是从不断的运动中……去理解。”② 恩格斯说：“政治经济学本质上是一门历史的科学，它所涉及的是历史性的即经常变化的材料。”“政治经济学不可能对一切国家和一切历史时代都是一样的。”③ 习近平则明确指出：“当代中国的伟大社会变革，不是简单延续我国历史文化的母版，不是简单套用马克思主义经典作家设想的模板，不是其他国家社会主义实践的再版，也不是国外现代化发展的翻版，不可能找到现成的教科书。我国哲学社会科学应该以我们正在做的事情为中心，从我国改革发展的实践中挖掘新材料、发现新问题、提出新观点、构建新理论。”④

（二）关于马克思主义政治经济学发展的三个阶段

马克思主义政治经济学 150 多年来发展所经历的三个阶段可分别被称为 1.0 版、2.0 版、3.0 版。

1.0 版是马克思主义政治经济学的原生形态，是马克思、恩格斯在 19 世纪中叶创立的科学的政治经济学理论体系，其任务是探寻资本主义社会

① 学好用好马克思主义政治经济学. 人民日报，2015-11-27.

② 马克思，恩格斯. 马克思恩格斯全集：第 23 卷. 中文 1 版. 北京：人民出版社，1972：24.

③ 马克思，恩格斯. 马克思恩格斯文集：第 9 卷. 北京：人民出版社，2009：153-154.

④ 习近平在哲学社会科学工作座谈会上的讲话. 人民日报，2016-05-19.

经济运动的规律，揭露资本家剥削工人的秘密，证明无产阶级革命的正当性和必要性；资本主义社会并非人类社会发展的终点，由于其内在的社会矛盾必将为更高的社会经济形态即社会主义社会所取代，所以，《资本论》成了工人阶级的“圣经”。

2.0 版是马克思主义政治经济学的次生形态，是列宁、斯大林等在 20 世纪对 1.0 版的坚持和发展。其任务一方面是研究资本主义发展的最高阶段即帝国主义的若干新特征，得出了帝国主义是垄断的、腐朽的、垂死的资本主义，是无产阶级革命的前夜的结论；另一方面，则注重于马克思、恩格斯生前没有看到的社会主义社会经济运动规律的研究，形成了包括苏联和东欧社会主义国家在内的所谓苏联社会主义模式以及相应的政治经济学。2.0 版明确提出社会主义生产目的是用在高度技术基础上使社会主义生产不断增长和不断完善的办法，来保证最大限度地满足整个社会经常增长的物质和文化的需要。2.0 版高速推进国家工业化，大力推进农业集体化，借用强有力的行政命令，形成了计划经济的体制和机制。2.0 版在一定的历史时期起到了积极的作用，但也暴露了内在的缺陷：否认商品和商品生产，否认价值规律的作用；体制僵化、闭关自守；劳动生产效率递减，生活消费资料匮乏。在思想方法上，则是盲目照搬，教条主义，严重脱离实际。随着社会主义实践的发展，2.0 版必须要更新。

3.0 版是马克思主义政治经济学的当代形态或新生形态，是在 1978 年党的十一届三中全会后开始的改革开放过程中形成的。一方面它坚持马克思主义政治经济学的基本原理，不搞西方主流经济学那一套，不走改旗易帜的邪路；另一方面也不搞本本主义、生搬硬套，不走封闭僵化的老路，而是把马克思主义政治经济学基本原理同我国改革开放新的实践结合起来，不断丰富和发展马克思主义政治经济学，形成了具有鲜明特色的当代中国马克思主义政治经济学，即 3.0 版。

（三）中国特色社会主义政治经济学的当代新特征

作为3.0版的中国特色社会主义政治经济学与1.0版、2.0版虽然是一脉相承的，但又有不同之处，形成了若干当代新特征：

1. 新的时代背景

20世纪80年代以来，世界经济政治格局发生了深刻的变化，全球合作向多层次全方位拓展，新兴市场国家和发展中国家整体实力不断增强，国际力量对比正朝着有利于维护世界和平的方向发展。因此，和平与发展、合作与共赢已成为时代主题，世界多极化、经济全球化、文化多样化、社会信息化成了当代的新特点。习近平指出："世界潮流，浩浩荡荡，顺之则昌，逆之则亡。要跟上时代前进的步伐，就不能身体已进入21世纪，而脑袋还停留在过去，停留在……老框框内。"①

2. 新的社会发展阶段

马克思所设想的未来社会主义社会和共产主义社会，仍然是我们的奋斗目标，但在现实上我们所处的是不发达的社会主义初级阶段，而且它将经历相当长的历史时期。因此，在任何情况下都要牢牢把握社会主义初级阶段这一最大的国情，推进任何方面的改革发展都要立足这个最大的实际。经过长期努力，党的十八大后，中国特色社会主义进入承前启后、继往开来的新时代。新时代的社会主要矛盾已经不再是落后的社会生产和人民日益增长的物质文化的需要的矛盾，而是转化为人民日益增长的美好生活需要和不平衡不充分的发展之间的矛盾。社会主要矛盾的变化是关系全面的历史性变化，新时代的历史方位是对社会主义初级阶段理论的重大发展，也是中国特色社会主义政治经济学研究的最大国情依据。

3. 新的经济运行体制

在社会主义初级阶段，商品生产不可逾越，因此要实行社会主义市

① 习近平．习近平谈治国理政．北京：外文出版社，2014：273.

场经济，使市场在资源配置中起决定性作用和更好地发挥政府的作用，充分发挥市场“看不见的手”和政府“看得见的手”这“两只手”的调节作用。我们要着力构建市场机制有效、微观主体有活力、宏观调控有度的社会主义市场经济体制，不断增强我国经济的创新力和竞争力。

4. 新的历史任务

3.0 版的任务是按照社会主义本质的要求，解放生产力，发展生产力，消灭剥削，消除两极分化，最终达到共同富裕；是实现两个 100 年奋斗目标、在 2020 年全面建成小康社会，2020—2035 年基本实现社会主义现代化，从 2035 年到 21 世纪中叶，把我国建成富强民主文明和谐美丽的社会主义现代化强国，实现中华民族伟大复兴的中国梦，最终实现每个人自由而全面的发展。

5. 新的国际责任

我国是世界最大的发展中国家，改革开放 40 年来，我们的 GDP 已跃居世界第二，还有很多单项第一，创造了世界经济史上的奇迹。作为一个负责任的大国，我国应积极参与全球经济治理，促进世界经济发展，维护国际公平正义。我们要坚持和平发展道路，构建人类命运共同体，建设持久和平、普遍安全、共同繁荣、开放包容、清洁美丽的世界。要提倡同舟共济、促进贸易和投资自由化顺利化，推动经济全球化朝着更加开放、包容、普惠、平衡、共赢的方向发展。我国提出的“一带一路”等倡议已在国际上产生了广泛的巨大影响。中国的发展需要世界，世界的发展也需要中国。中国应当为全球治理体系的改革和建设，不断贡献中国的智慧和力量。

正因为有上述新特征，3.0 版的中国特色社会主义政治经济学成了马克思主义政治经济学在 21 世纪发展的新阶段。

二、中国特色社会主义政治经济学的研究对象

（一）中国特色社会主义政治经济学研究对象要坚持继承和发展相结合

1.0版经典马克思主义政治经济学研究先进资本主义国家的“资本主义生产方式以及和它相适应的生产关系和交换关系”①。马克思通过对资本主义生产过程（资本直接生产过程、资本流通过程和资本主义生产总过程）的研究，揭示资本主义社会生产力和生产关系矛盾运动的一系列规律。

2.0版的马克思主义政治经济学所面对的是在经济发展落后的国家基础上建立起来的社会主义社会，其目标是尽快实现农业、工业、国防和科学技术的现代化，因此2.0版的政治经济学更多地关注社会主义生产关系，试图通过不断调整生产关系以促进生产力的发展。

3.0版的中国特色社会主义政治经济学的研究对象要坚持继承和发展相结合，在发展方面要考虑到时代发展新变化、中国社会发展新阶段、改革开放新实践和社会主义市场经济条件下出现的新问题。中国特色社会主义政治经济学的研究对象应为中国社会主义初级阶段的生产方式和与之相适应的生产、交换关系以及政治、国家关系。

（二）中国特色社会主义政治经济学研究对象的内容

1. 研究社会主义初级阶段的生产方式

包括以下三个方面：

（1）生产的性质：首先是商品生产；是经济全球化时代的商品生产；是在市场经济条件下，进入信息化和互联网时代的商品生产；是在中国共

① 马克思．资本论：第1卷．2版．北京：人民出版社，2004：8.

产党的领导下，社会主义公有制占主体地位条件下的商品生产。

（2）生产的目的：最大限度地满足社会全体成员对生命安全、环境保护以及日益增长的物质文化生活的需要，用党的十九大报告的提法，就是要满足“人民日益增长的美好社会需要”，逐步达到全面共享、共同富裕。

（3）生产的过程和机制：这是一个需要着重加以研究的问题，要研究生产、交换、分配、消费诸环节之间的相互作用；研究生产的动力（创新驱动力）、结构（产业结构、城乡结构、区域结构的协调）、环境（绿色发展）和国内外市场（对外开放）等。

近年来我国出现的产能过剩实质是结构性过剩，是过剩与短缺并存。例如，我国高性能不锈钢的产量远远无法满足国内发展的需要，目前世界高性能不锈钢的产量约为30万吨，而中国的产量只有1万吨。长期以来，我国缺“核”少“芯”的问题一直存在，目前国内近八成的芯片依赖进口，其中高端芯片进口率超过九成，“芯片”也超过石油成为国内第一进口大户。我国大飞机制造的发动机全部要靠进口，液压、传动和控制技术等关键零部件也很欠缺。虽然现在自主品牌的汽车也在迅速发展，但汽车发动机、变速箱全是外国企业生产的。我国是医药大国，但以仿制国外药物为主，仿制药占比超过90%，外资医疗设备垄断国内市场，高端医疗器械的70%～80%依赖价格昂贵的进口或外资品牌；如此等等。习近平指出：“推进供给侧结构性改革是我国经济发展进入新常态的必然选择，是经济发展新常态下我国宏观经济管理必须确立的战略思路。必须把改善供给侧结构作为主攻方向，从生产端入手，提高供给体系质量和效率，扩大有效和中高端供给，增强供给侧结构对需求变化的适应性，推动我国经济朝着更高质量、更有效率、更加公平、更可持续的方向发展。”① 习近平强

① 习近平．把改善供给侧结构作为主攻方向 推动经济朝着更高质量方向发展．人民日报，2017-01-23.

调供给侧结构性改革要从“生产端入手”，实质上就是要从生产方式入手，是完全正确的。

2. 研究与之相适应的生产、交换关系

生产关系包括所有制的多元关系、分配的多种关系、生产过程中人与人之间的关系、城乡之间的关系、区域之间的关系、中央和地方的关系等。交换关系包括日益发达的国内交换关系（国内市场）、日益扩大的国际交换关系（国际市场）；要警惕新时期商品交换关系的肆意入侵、商品（货币、资本）拜物教的滋生和蔓延等。

3. 研究与之相适应的政治、国家关系

（1）这是唯物史观的题中应有之义。

生产力决定生产关系，经济基础决定上层建筑，同时后者对前者又具有反作用。政治和经济是不可分割的，经济是政治的物质基础，政治是经济的集中表现。这是历史唯物主义的基本原理。马克思指出：“实际上国家不外是资产者为了在国内外相互保障自己的财产和利益所必然要采取的一种组织形式……因为国家是属于统治阶级的各个个人借以实现其共同利益的形式，是该时代的整个市民社会获取集中表现的形式，因此可以得出一个结论：一切共同的规章都是以国家为中介的，都带有政治形式。”① 毛泽东在评论苏联《政治经济学教科书》修订第三版时明确指出：“这本教科书只讲物质前提，很少涉及上层建筑……政治经济学和唯物史观难得分家，不涉及上层建筑方面的问题，经济基础即生产关系的问题不容易说得清楚。”②

（2）这在经济思想史上也可得到佐证。

“经济”的古希腊词源是指家庭或庄园的管理。政治经济学概念的首

① 马克思，恩格斯．马克思恩格斯全集：第3卷．中文1版．北京：人民出版社，1960：69-70.

② 毛泽东．毛泽东文集：第8卷．北京：人民出版社，1999：138-139.

次提出是1615年，法国重商主义学者蒙克莱田在《献给国王和王后的政治经济学》中把“经济”从家庭（庄园）管理层面拓展为国家治理层面。而古典经济学严格地说就是政治经济学。19世纪初德国历史学派的著名代表李斯特认为，在个人与整个人类之间有一中介体——国家，在现实情况下，各个国家的发展水平是不同的，比较落后的国家要赶上先进的国家或者不受后者的欺压，必然要依靠国家的干预。李斯特称自己的学说为国家主义经济学，以与所谓的世界主义经济学相对立。马克思在1859年出版的《政治经济学批判》第一分册的序言中，第一次公布了该书的六册结构计划，即《资本》《土地所有制》《雇佣劳动》《国家》《对外贸易》《世界市场》。“国家”成了马克思构建政治经济学体系的重要组成部分。

（3）改革开放40年中国经济发展的“奇迹”充分证明经济发展不能离开政治的作用和国家的干预。

从20世纪70年代末农村家庭联产承包责任制在全国农村的推广、80年代乡镇企业的兴起，到城市国有企业改革的逐步推进，直至党的十八届三中全会提出全面深化改革；从1980年深圳、珠海、汕头、厦门四个经济特区的设立、开放沿海港口城市、开发开放上海浦东，直至加入世界贸易组织，全面提高开放型经济水平；从1984年提出实行有计划商品经济到1992年明确确立社会主义市场经济体制；从积极应对1997年的亚洲金融危机到2008年的国际金融危机；从邓小平提出的“分三步走”实现现代化的战略目标到习近平提出的实现两个100年的奋斗目标、实现中华民族伟大复兴的中国梦等，哪一项、哪一步不和政治的作用和国家的干预有关？

西方主流经济学标榜所谓“价值中立”，鼓吹经济学要远离政治，完全否定国家干预的必要性，似乎只有这样才能显示其“学术性”和“科学性”，这不仅严重脱离实际，而且是十分虚伪、自欺欺人的。现在的问题不在于承认不承认政治、国家对经济发展作用的存在，而在于政治、国家关系如何与社会生产方式、经济基础相适应，如何对经济改革和经济发展发挥必要的积极的正面的作用。习近平多次强调，我们党面对着十分复杂的国内外环境，肩负着繁重的执政使命，一定要具备战略思维能力，要站在时代的前沿和战略全局的高度观察、思考和处理问题，从政治上认识和判断形势。要做到既抓住重点又统筹兼顾、既立足当前又放眼长远、既熟悉国情又把握世情，在解决突出问题中实现战略突破，在把握战略全局中推进各项工作。这种战略思维，就不能单纯从经济角度看问题，而是要把经济和政治、中国和世界综合起来考量。

三、中国特色社会主义政治经济学的方法论

方法论和方法是有区别的，方法论指方法的体系，方法则指一种或若干种具体研究方法。中国特色社会主义政治经济学的方法论包括以下三个方面：

1. 历史唯物论

这是马克思一生中的两大发现之一，1845—1846 年马克思和恩格斯合著的《德意志意识形态》一书对唯物史观的基本内容做了详细论述，1859 年的《〈政治经济学批判〉序言》则做了经典概括。其主要观点是：生产是人类社会赖以生存和发展的基础；社会存在决定社会意识；每一时代占统治地位的思想是占统治地位的物质关系在观念上的表现；生产力和生产关系、经济基础和上层建筑的矛盾运动是社会发展的内在动力；人民群众是创造历史的决定力量；物质利益是人类活动的基本动力；人类社会经济形态的发展是一个自然历史过程；等等。列宁认为，马克思的历史唯物主义是人类有史以来科学思想中的最大成果。“历史唯物主义也从来没有企

求说明一切，而只企求指出‘唯一科学的’（用马克思在《资本论》中的话来说）说明历史的方法。”①

习近平高度重视历史唯物主义对建设中国特色社会主义的指导作用，他指出：“历史和现实都表明，只有坚持历史唯物主义，我们才能不断把对中国特色社会主义规律的认识提高到新的水平，不断开辟当代中国马克思主义发展新境界。”② 他强调，要学习和掌握物质生产是社会生活的基础的观点，坚持发展仍是解决我国所有问题的关键这个重大战略判断，聚精会神搞建设、一心一意谋发展；要学习和掌握社会基本矛盾分析法，只有把生产力和生产关系的矛盾运动同经济基础和上层建筑的矛盾运动结合起来观察，才能全面把握整个社会的基本面貌和发展方向；要学习和掌握人民群众是历史创造者的观点，要一切为了群众、一切依靠群众，从群众中来、到群众中去的群众路线，是我们党始终坚持的根本工作路线和根本工作方法；等等。可以说，历史唯物主义不仅是中国共产党人的历史观和价值观，也是中国特色社会主义政治经济学的基本方法。

2. 唯物辩证法

这主要是马克思在《资本论》等著作中批判地继承、应用和发展了的黑格尔唯心辩证法，包括客观辩证法（即一系列客观规律和范畴，如对立统一规律、质量互变规律、否定之否定规律以及现象和本质、形式与内容、原因和结果、可能和现实、偶然和必然、部分和整体的辩证关系等）和主观辩证法（即辩证逻辑方法，如归纳和演绎、分析和综合、抽象和具体、逻辑和历史的统一等）。唯物辩证法也包括列宁、毛泽东所发展了的辩证法，特别是毛泽东在《矛盾论》等著作中所阐明的具有中国风格、中

① 列宁．列宁专题文集——论辩证唯物主义和历史唯物主义．北京：人民出版社，2009：166.

② 中共中央宣传部．习近平总书记系列重要讲话读本（2016 年版）．北京：学习出版社，人民出版社，2016：281.

国话语的辩证法，如矛盾的普遍性与特殊性、共性和个性、内因和外因、主要矛盾和次要矛盾、矛盾的主要方面和次要方面、一分为二、两点论和重点论等。

改革开放作为一场深刻而全面的社会变革，迫切需要唯物辩证法这一重要的思想武器。习近平指出："在推进改革中，要坚持正确的思想方法，坚持辩证法，处理好解放思想和实事求是的关系、整体推进和重点突破的关系、全局和局部的关系、顶层设计和摸着石头的关系、胆子要大和步子要稳的关系，着力提高操作能力和执行力。"① 他强调要不断提高辩证思维能力，就是承认矛盾、分析矛盾、解决矛盾，善于抓住关键、找准重点、洞察事物发展规律的能力。当前，我国社会各种利益关系十分复杂，要坚持发展地而不是静止地、全面地而不是片面地、系统地而不是零散地、普遍联系地而不是单一孤立地观察事物，克服极端化、片面化，准确把握客观实际，真正掌握规律，不断开辟各项工作的新局面。因此，唯物辩证法是中国特色社会主义政治经济学不可或缺的主要方法。

3. 以实践为基础的马克思主义认识论，可简称为实践认识论

马克思早在 1845 年春写的《关于费尔巴哈的提纲》中，就指出实践对认识的重要作用："全部社会生活在本质上是实践的。凡是把理论引向神秘主义的神秘东西，都能在人的实践中以及对这种实践的理解中得到合理的解决。"② 列宁认为，在马克思的《资本论》中，逻辑、辩证法和唯物主义认识论是同一个东西，都应用于同一门科学，即政治经济学。列宁特别强调："生活、实践的观点，应该是认识论的首要的和基本的观点。"③ 毛泽东的《实践论》科学总结了中国历史上知与行的关系，结合中国革命战

① 中共中央文献研究室．习近平关于协调推进"四个全面"战略布局论述摘编．北京：中央文献出版社，2015：73.

② 马克思，恩格斯．马克思恩格斯选集：第 1 卷．3 版．北京：人民出版社，2012：135-136.

③ 列宁．列宁全集：第 18 卷．中文 2 版．北京：人民出版社，1988：144.

争的实践，对马克思、列宁的认识论做了创造性的发展。现有的政治经济学著作或教科书介绍方法论时不谈或很少涉及马克思主义认识论，这是一个很大的缺陷。人们对社会经济现象的分析，对社会经济运动规律的探索，是一种认识活动，因此也要遵循认识的规律和方法。特别是中国特色社会主义政治经济学，它的形成和发展都和马克思主义认识论息息相关。中国的改革开放是以党的十一届三中全会为起点的，但真正揭开全党思想大解放序幕的，则是关于真理标准问题的大讨论。党的十一届三中全会高度评价关于实践是检验真理的唯一标准的讨论，认为这对促进全党全国人民解放思想、端正思想路线，具有深远的历史意义。邓小平指出，实事求是、一切从实际出发、理论联系实际、坚持实践是检验真理的标准，这就是我们党的思想路线。“只有解决好思想路线问题，才能提出新的正确政策，首先是工作重点的转移，还有农村政策、对外关系政策，以及相应的一整套社会主义的政策。”① 习近平十分重视马克思主义认识论的运用，强调“实行改革开放、发展社会主义市场经济，我们的老祖宗没有讲过，其他社会主义国家也没有干过，只能通过实践、认识、再实践、再认识的反复过程，从实践中获得真知”②。他特别指出，“摸着石头过河，是富有中国智慧的改革方法，也是符合马克思主义认识论和实践论的方法。实践中，对必须取得突破但一时还不那么有把握的改革，就采取试点探索、投石问路的方法……有些国家搞所谓‘休克疗法’结果引起了剧烈的政治动荡和社会动乱，教训是很深刻的。加强顶层设计和摸着石头过河都是推进改革的重要方法。”③ 可是，这些马克思主义认识论的“重要方法”在现有经济学教科书上是找不到的。

---

① 邓小平．邓小平文选：第3卷．北京：人民出版社，1993：10.

② 中共中央文献研究室．习近平关于协调推进“四个全面”战略布局论述摘编．北京：中央文献出版社，2015：54.

③ 同②71.

历史唯物论、唯物辩证法和实践认识论三者是一个有机的整体，缺一不可。其中，历史唯物论是整个方法的基础，唯物辩证法和实践认识论各有其特殊的重要作用，它们共同构成了中国特色社会主义政治经济学的方法论体系。

中国价值传统的现代转型与中国经济学的当代建构

高德步

一、中国价值传统的形成

每个民族在其历史发展过程中都会形成一个价值传统，正是这一价值传统主导着不同历史阶段的思想观念，指引着不同时代的社会发展方向。这一价值传统发端于各自民族的起源处，随着民族的延续和发展而不断演进，但其核心内涵和基本特征始终保持不变。

西方价值起源于“逻各斯”，中国价值起源于“道”。中华民族在历史实践过程中，观乎天文，观乎人文，彰往察来，微显阐幽，从而体悟到了“道”。这个“道”是纯粹的“国道”，沿着这个“道”，中华民族形成了自己的历史和民族精神，而这种民族精神又经历史的提炼成为价值传统。这个价值传统就是中华道统。

中国价值是在中国历史进程中形成的。历史上中国价值思想经历了三次巨变或者说三次价值革命，正是通过这三次价值革命最终形成了中国价值传统。

第一次价值革命是“周文革命”。这是从殷商后期到周代的早期形成的一个思想体系。殷商时代人们信神，讲究“神本”，到了周代人们的意识从天和神转到人，讲究“人本”。殷人“尚武”，周人“尚文”，讲“人文化成”。周文王和周公建立的思想体系就是以人文为核心的，这场革命被称为“周文革命”。西周时期这个体系非常完整，也非常有效。

第二次价值革命是儒家革命。到春秋后期，周文时代的这种价值体系逐渐瓦解，礼崩乐坏，百家思想出来了，各个思想家都试图解决当时所出现的社会问题，试图在周文衰落之后重建整个价值体系。其中包括儒家、道家、墨家和法家等。百家中的儒家当时影响很大，但是它不能解决一个问题，即国家统一问题。春秋战国时期被称为“大争之世”，竞争非常激烈，儒家思想不中用，中用的是法家思想。所以秦用法家思想统一了中国。但是法家思想能带来中国的统一，却不能带来中国的善治。所以汉武帝听从董仲舒的建议，罢黜百家、独尊儒术。但这时候的儒家已经不是孔孟时的儒家了，而是百家综合之后形成的儒家。当然，基本思想还是继承了孔孟，孔孟之后的几代人综合百家思想形成了一个新儒家。这个新儒家包括了法家思想、道家思想，甚至包括阴阳家思想，也综合了其他各家的思想。到这里，儒家革命就最终完成了。

第三次价值革命是理学革命。儒学到了汉武帝以后变成了经学。儒学是思想，经学是官方意识形态。建立国家意识形态是治理国家所需要的。但它作为官方意识形态就必然有一个缺陷，即自我创新能力逐渐衰减，很难与时俱进地自觉更新。特别是作为官方意识形态具有垄断地位，久而久之就形成一个利益集团。具体说，经学研究六经，它不能离开经学本身，不能离经，“离经”就是“叛道”。这就限制了思想创新。所以经学逐渐衰落，而同时道家兴起，佛家介入，这又是一个思想乱世。但是，思想混乱的时代也是思想创新的时代，没有乱就没有新。经过一系列的思想演变过程，到了北宋时期就出现了理学。理学综合了儒释道并完成了中国价值思想的第三次革命。

这是中国古代的三次价值革命。周文时代以人为核心建立了人文，儒家革命建立了伦理，理学革命建立了中国的理性体系。而在这个历史过程中形成了一个价值统绪，或者说是价值传统，这就是中国的道统。最早的道统概念是韩愈提出来的。他认为孔孟之后儒学变成经学，经学作为官方意识形态的思想力量逐渐衰减，逐渐丧失解决社会问题的能力，于是道统就中断了。那么谁能够接续这个道统呢？韩愈比较谦虚，没有说自己接续了道统。但是到了宋代，二程和朱熹认为他们把道统接上了，所以他们有“为往圣继绝学”的说法。我们今天的学者也要有这个雄心，也要有这种担当意识，要建设中国特色社会主义政治经济学就必须有这种意识。

二、中国价值传统的基本内涵

中国价值经过三次革命最终形成了中国价值传统。这是从纵向的研究即历史的研究来看的。那么我们从横向比较来看，中国的价值思想——中国的价值传统——的基本内涵有哪些？

第一，“天人合一”“以人为本”。这种思想源于中华民族的先贤并在周代逐渐形成，以后又进一步演化和发展。天人合一，最终还是要以人为本。天地自然本身并无价值，但是当天地自然孕育了人类，滋养了人类，天地自然也就有了价值。所以是人赋予天地万物以意义。天地创造人类，人一旦产生就成为万物之灵者。王阳明在《大学问》中开篇说：“大人者，以天地万物为一体者也，其视天下犹一家，中国犹一人焉……大人之能以天地万物为一体也，非意之也，其心之仁本若是。”这就把“天人合一”“以人为本”的思想提升到了一个新的高度。

第二，“自强不息，厚德载物”。天地万物，人在其间。“天人”问题实质上是人与自然的关系问题，其核心则是人之“生命”问题，也就是人的生命创造和人的价值问题。所以说，中国哲学从根本上说就是生命哲学。然而，一切“生命”都源于“自然”。人的存在首先是生命的存在，也就是自然的存在。“天地絪缊，万物化醇；男女构精，万物化生”（《系辞下》），这是一个自然的过程。但“万物化生”之后，即生命一旦产生就有人与自然的关系问题。在远古先贤的表述中，这种关系就是天人关系或人地关系。于是就有了“天行健，君子以自强不息。地势坤，君子以厚德载物”的说法。

第三是“乐天知命，率性自由”。孔子说：“道之将行也与，命也；道之将废也与，命也”（《论语·宪问》）。孟子说：“求之有道，得之有命”（《孟子·尽心上》）。这里的命，一方面是“自我之命”，另一方面是“在天之命”。“自我之命”可知，而“在天之命”不可知。但人的本能是希望通过“自我之命”来通达“在天之命”。这就是“知命”的渴望。这种知命的渴望影响到人们的快乐和幸福，即所谓“乐天知命”。这里说的是我们每个人自己的命。然而，中华民族还有一个共同的命。《诗经》里面讲“周虽旧邦，其命维新”，这个命是使命。我们的使命是什么，就是中华民族的伟大复兴。

第三，“中庸之道，和而不同”。《中庸》说：“致中和，天地位焉，万物育焉。”“中也者，天下之大本也。和也者，天下之达道也。”在这里“和”是价值，是目的，而“中”既是方法也是价值。一方面，“和”必须通过中庸之道达成，而中庸也只有在“和”的状态下实现。另一方面，所谓“致中和”，就是将目的、方法和过程统一起来看，“中”也就具有了价值意义，即“中庸之为德也”（《论语·雍也》）。但要通过“中”庸之道实现“和”，就必须承认“不同”为前提，即“和而不同”，只有“不同”，才有“和”，正所谓“和实生物，同则不继”（《国语·郑语》）。所以，中国传统承认价值的多元性，使人们各得其所，各得其乐，合作而不争，从而实现和谐发展。和不是统一，是多元，和而不同是统一和多元的统一。今天世界上各个民族的文化，欧美的、中国的、印度的等，谁更有生命力呢？我觉得中华文化更有生命力，因为它中庸，中庸才有长久的生命力。

第四，“克己复礼，天下归仁”。孔子将仁作为人类社会的最高理想，所以并不是个人处世的匹夫之仁或小恩小惠的妇人之仁，而是治理有方、为民造福的大仁大义。孔子生在礼崩乐坏的时代，即将进入大争之世，人与人之间竞争激烈，为了私利人们毫不留情。在这种历史背景下，孔子提出“克己复礼为仁”。所谓“克己”就是克服个人的私欲，利欲、权欲，孔子认为克己复礼，仁在其中，“一日克己复礼，天下归仁焉”（《论语·颜渊》）。宋明理学实现了仁的“形上学”飞跃。他们首先把仁与天地自然连接起来。张载曾说，“乾称父，坤称母”“民吾同胞；物吾与也”（张载，《西铭》），提出以天地为父母，要“体天地而仁民爱物”（王夫之，《张子正蒙注》）。这种仁，既是对同类的仁爱，也是对天地万物的仁爱。宋儒还进一步将“仁”与“理”连接起来。程颐曾说：“医家以不认痛痒谓之不仁，人以不知觉不认义理为不仁”（《二程集·河南程氏遗书》卷第二上）。“故仁，所以能恕，所以能爱。恕则仁之施，爱则仁之用”（《二程集·河南程氏遗书》卷第十五）。

价值指引人民，价值指引中国。一方面，中华民族经数千年来反复磨砺，形成了自身独特的价值传统，另一方面，这一价值传统指引中华民族不断进化和发展，形成独特的民族性格，它已融入中华民族的血液中，形成独特的文化基因。

三、中国价值传统的现代转型

在价值革命的过程中需要有一个关键性环节，那就是价值传统的衰落、破坏、瓦解。这个过程首先从价值分裂开始。到中国近代，在西方文化的冲击下，中国出现了传统价值的分裂，而价值分裂正是现代转型的开始。

中国传统价值的分裂包括以下几个方面：

第一个是道和器的分离。道决定器，器支撑了道，这两者不可分。到了近代，我们敌不过西方的坚船利炮，我们对自己的传统价值观产生了怀疑。我们首先怀疑的是我们的器。中国的仁义道德没有问题，我们传统的道没有问题，但是器不行。所以我们提出用中道西器，这样道和器就分裂了。这个分裂给我们带来了很大的发展空间，我们用西方的火枪火炮，但是我们的老祖宗不能忘，中国的道统不能丢，仁义道德不能丢，孔夫子不能丢，皇帝也不能丢。

第二个是体和用的分离。既然我们的器不行，也就是我们的“用”不行。尽管一次次战败，但是我们仍然坚信我们的“道”没有问题，我们的“体”没有问题，有问题的只是“用”。所以就出现了“中体西用”。这也是价值分裂，是体用的分裂。体用分裂的意义就在于使“用”得到了解放。

第三个是义利的颠覆。我们从来讲义在先利在后，利不能压制我们的义。在我们中国思想史上只有极个别的阶段是利在先义在后，比如说法家思想是利在先义在后，为了利可以牺牲义。而在近代，这种义利观也发生了分裂和颠覆，人们可以放开地谈利而不受传统道德的约束，可以言利，可以谋利，言利和谋利不再是不光彩的事。

第四个是本末倒置。比如说产业，传统上是以农为本，以工商为末，但到了近代我们的农本不灵了，尽管 GDP 总量仍然处于世界前列，但其内容主要是农产品。粮食蔬菜敌不过西方的火枪火炮，农业敌不过人家的机器和商业。西方靠工商业兴起，我们仅靠农业已经不灵了，所以本末关系发生变化，出现了商战论，所以出现了洋务运动。

传统价值的彻底消解是在“五四”时期。到这时，我们已经被人家打得头破血流，鸦片战争、甲午战争、庚子赔款，败到不能再败。这使得我们对传统价值的自信彻底没有了。

“五四”时期我国的思想界是什么状况？鲁迅有一段话说得极为透彻，他说：“一要生存，二要温饱，三要发展。苟有阻碍这前途者，无论是古是今，是人是鬼，是《三坟》《五典》，百宋千元，天球河图，金人玉佛，祖传丸散，秘制膏丹，全都踏倒他”（鲁迅，《华盖集·忽然想到（六）》）。其他一些新派学者的思想状况与鲁迅也很类似，从中可以看出他们对破坏旧传统的坚决态度，最极端的时候还出现了“全盘西化”乃至“汉字不灭，中国必亡”的说法。

但是，只有破坏是不够的，破坏之后还需要重建，就是在吸收西方现代性基础上的重建。在这个重建过程中，中国人自己也产生了自己的“主义”。比如孙中山提出“三民主义”。三民主义是很好的主义，但是孙中山去世之后蒋介石接续了三民主义，将其儒家化了，他用更传统的儒家思想重新阐释了三民主义，所以他是倒退了。蒋介石也是一个思想家，他也讲传统和现代的结合，他有一本著作叫《科学的学庸》，说一切现代的东西在《大学》和《中庸》时代就有，他认为我们的《大学》和《中庸》包含了现代思想。但是在革命时代，中庸路线是行不通的，怎么办呢？那就是彻底革命，我们需要一个彻底革命的“主义”。而十月革命一声炮响就给我们送来了彻底革命的“主义”，这就是马列主义。

中国共产党最早接受的马克思主义思想是历史唯物主义或唯物史观。不过我们共产党人首先接触的不是唯物史观而是进化论，毛泽东、李大钊开始时都读过《天演论》，认识到了“物竞天择，适者生存”的道理。但是，根据西方的进化论，中华民族作为一个落后民族就应当被淘汰。那么我们还能承认这个东西吗？当然不能。另外，根据进化论，社会上作为弱势群体的工人和农民也应当被淘汰。所以这两个东西，一个是民族的问题，一个是人民大众的问题，决定了共产党人放弃了进化论，转而信仰马克思的唯物史观。这是一个革命性的变化，毛泽东指出：“自从中国人学会了马克思列宁主义以后，中国人在精神上就由被动转入主动。从这时起，近代世界历史上那种看不起中国人，看不起中国文化的时代应当完结了。伟大的胜利的中国人民解放战争和人民大革命，已经复兴了并正在复兴着伟大的中国人民的文化。这种中国人民的文化，就其精神方面来说，已经超过了整个资本主义的世界。”① 他认为马克思主义比资本主义先进，更具有革命性。

中国人接受马克思主义之后思想文化上有了一个根本性的飞跃，我们党的伟大实践首先是新民主主义、社会主义，然后是计划经济向市场经济的转变，实现工业化和现代化，全面建成小康社会，最后是要实现伟大的中国梦。这个过程都是在马克思主义指导下的伟大实践，小康社会快要建成了，中国梦正在路上。从旧的传统时代到三民主义到马克思主义到今天的中国特色社会主义，我们就这么走过来了。

四、现代化过程中的价值损益

然而，我们的现代化也出现了一些问题。这就是“为学日益，为道日

① 毛泽东．毛泽东选集：第4卷．2版．北京：人民出版社，1991：1516.

损”。我们有科学、有市场，这都是学习西方的东西，西方理性包括科技理性和市场理性，我们用它实现了现代化，取得了现代化的成功。但是为了现代化我们也损失了很多东西。第一是科技崇拜导致人文之损。人文是我们自己的东西，科技是西方的东西。这些年来我们的状况是科学主义泛滥，有科学而无人文。第二是市场崇拜导致了人性之损。市场讲求物质利益，追求经济利益，我们都变成了经济人甚至经济动物，这就把人本质的东西损失掉了。第三是增长崇拜导致人本之损。增长的目的应该是人，人是目的。但是有一段时间我们过度追求为增长而增长，为 GDP 而奋斗。为此我们损失了清洁的空气、纯净的水源。第四是理性霸权导致文化多元化之损。理性讲求霸权，但是人性的多元性就损失掉了。古希腊神话讲一个劫匪做了一张床，在路上劫到了人，就把人放在床上，如果这个人个子比床长就锯掉一截，如果这个人的个子矮，他就把人拉长。现代化要用一个标准来衡量一切，比如货币。但是我们知道货币不是万能的。

我们当下的社会存在着严重的矛盾与价值危机。当前中国的时代是“小人时代”。孔子当时说小人也不是贬义，君子是高尚的人，小人是平常的人，小人的特点是讲利不讲义，我们的时代就是讲利不讲义。但是小人有什么好处？讲利，物质利益驱动导致经济发展。小人时代经济快速发展，但是人本是被消解的，人性是被阉割的。我们的时代也是个“饕餮时代”。这个时代的特点是一切通吃，只要有利什么都做，特别是土豪横行，认为有了钱一切都可以解决。我们的时代也是个“空心时代”，其特点就是价值祛除、价值消解、价值颠覆。我们没有信仰，所以我们的心就是空虚的。但是在空心时代我们舒畅吗？不舒畅，我们非常纠结，所以这个时代是“纠结时代”。我们都纠结，我们的房子还没有买到，人家有车我没有，人家是教授我还是副教授，等等。总之，这个时代是价值危机或价值消解的时代。庄子有语：“丧己于物，失性于俗者，谓之倒置之民”（《庄子·缮性》)。所以我们现在需要进一步的价值革命，也就是价值重建。

五、价值革命的方式和阶段

我们看一下价值革命的一般性规律是什么样的。第一个阶段是价值重估。“五四”时期是价值重估时期。重估就是重估传统，对很多过去我们认为合理的东西进行一次重新评估，最根本的方法就是批判和解构。第二个阶段是价值损益。在这个过程中我们通过不断选择和调整，有损有益，最终形成一个新的现代的价值体系。第三个阶段是回归传统。因为现代性的发展可能带来一系列的负面影响，而这种负面影响只有通过回归传统才能得到解决。第四个阶段是综合创新。这就是将现代的东西、传统的东西、西方的东西和东方的东西，来一个大综合，从而形成一个全新的价值体系。中国历史上的三次价值革命最后都经历了综合创新过程。如周文革命是把殷商以前那些思想都综合起来形成了周文思想，儒家革命是把春秋战国的百家思想综合形成了新儒家，理学革命是把儒释道以及以前的思想都综合在一起形成了新理学。现在我们就是要将近代以来我们所获得的各种有益思想，结合我们自己的历史和实践，来一次新的综合。

从近代开始，中国价值思想已经历过三次综合创新过程：第一次是孙中山将西方自由资本主义思想与中国传统思想相结合，创造了三民主义。关于这一点孙中山在《中国革命史》一文中说得很清楚：“余之谋中国革命，其所持主义，有因袭吾国固有之思想者，有现抚欧洲之学说事迹者，有吾所独见而创获者。”① 第二次是毛泽东将马列主义与中国革命的具体实

① 孙中山. 孙中山全集：第7卷. 北京：中华书局，1985：60.

际相结合，并综合中国传统思想，创造了新民主主义和社会主义，也就是中国化的马克思主义。不过，毛泽东思想所结合的中国传统元素，并不是历史上作为主流的儒家思想，而是始终主张变革的法家思想。第三次是邓小平将中国化的马克思主义与西方市场经济思想相结合，结果创造了中国社会主义市场经济思想或邓小平理论。到21世纪初，中国的现代化趋于完成，马克思主义现代化的历史任务也基本完成，马克思主义中国化进入一个新的阶段，中国价值思想面临着新的全面的综合创新。

这是一次全新的中国化的综合。过去的三次思想综合，都是两方面的结合。第一次是西方现代思想和中国传统的结合，第二次是马克思主义与中国具体实际的结合，第三次是中国化的马克思主义与西方市场经济理论的结合，都具有一定片面性。但是，正是这三次双向综合为当下的全面综合奠定了基础。这次全新综合是中国传统思想、马克思主义思想和西方市场经济思想三方面的全面综合。更有意义的是，经过一百多年的现代化历史，西方市场经济思想和马克思主义现代思想，都已经大大中国化了，在很大程度上与中国国情融合在一起，所以这次新综合完全是中国化的综合。

六、中国价值传统与经济学的人文转向

我们以上讲的是中国价值传统的形成和现代转型，以及新的价值革命的方向和方式。在这个基础上我们再进一步研究中国价值传统对中国政治经济学建构的意义。

经济学是科学吗？我们一般认为经济学是科学，但是有几位大的思想家认为经济学不是科学。尽管如此我们却不能否认科学主义对经济学影响

极深。我们看看经济学的科学化过程：第一步是亚当·斯密的理性人假设。人是理性人，但人还有感性的一面。亚当·斯密把理性和感性分开，写了《国富论》和《道德情操论》，前者采用的是理性人假设，后者采用的是感性人假设。通过这种分离，亚当·斯密把经济学变成片面的理性科学。第二步是历史方法和逻辑方法的分开。我们知道在亚当·斯密时代还有历史方法和逻辑方法的统一，但是到了李嘉图时代就把历史方法抛弃了，以逻辑方法和抽象方法为主。这以后英国古典经济学逐渐走向衰落，而后出现一个德国历史学派。德国历史学派重历史但忽视逻辑。历史学派衰落之后就进入了新古典主义时代。像门格尔，一方面要为理性分析辩护，另一方面要极力清除历史学派的影响。这样，历史就再一次被抛弃了。第三步是实证主义统治。休谟将实证与规范分开，由此经济学变成实证科学，经济学作为实证经济学的发展过程，也就是价值不断被祛除的过程，价值判断、道德伦理等完全被赶出了经济学。第四步是经济学的数学化。“万物皆数”是毕达哥拉斯学派的传统，西方经济学将数学化发展到极致，不仅一切经济现象都可以用数学模型来分析，连人的感情都可以计量了，婚姻、家庭、子女都可以数学化。

现在我们再反过头来看看经济学和人文的关系。前面的设问是：经济学是科学吗？现在我们重新设问：经济学是人文的吗？

我们没有时间来梳理人文主义的历史。这里，我们仅仅提出人文可以两个方面来看，一个是人文之“人”，一个是人文之“文”。

我们先看人文之“人”。人文之人是本体意义上的，说的是人与物或者人与自然的关系。

中国特色政治经济学的构建，首先要解决人在社会经济中的位置，也就是人本还是物本的问题，也就是经济学是人的经济学还是物的经济学的问题。西方经济学基本是物的经济学，讲资源配置，讲资源配置的效率。

马克思主义不这样认为，马克思主义经济学是以人为本的经济学。马克思曾经讲过："人是全部人类活动和全部人类关系的本质、基础。"[①] 所以"我们的出发点是从事实际活动的人"[②]。长期以来，理性主义压制了人的感性方面，西方经济学从理性人假设出发，走向科学主义，并导致了种种矛盾。中国经济学的重构，就是要实现人文转向，首先要将经济学建立在"现实的"人性基础之上。

其次要解决经济学人性假设问题。人不单纯是理性人，人不但有理性，还有感性，还有信仰，人是理性、感性和信仰三维结构的。如果没有感性，就没有伦理；如果没有信仰，就失去了一切的追求和目标。所以，经济学要解决人性假设问题，不能仅仅将人假设为理性人。

最后，经济学不仅要回答"是"的问题，还要回答"应该"的问题。经济学能否避开道德判断？我觉得不可能。经济学应该成为研究人与人之间关系的规范经济学。所以说经济学不能脱离价值判断，不能祛除价值，即使研究效率也不能与伦理脱节，我们讲效率但绝不能不讲公平，也不能不讲伦理，在商言商也不能不讲道德。

这是经济学人文转向中的"人"的方面。经济学转向还有"文"的方面。人文之"文"就是"人文化成、文以载道"。这里的人文之"文"就是指民族历史和民族文化。我们之所以要建立中国的政治经济学，就是因为我们不能脱离我们自己的历史和我们自己的文化。不同民族有不同的历史和不同的文化传统，有不同文化传统的民族有不同的价值观，不同民族有不同的利益诉求，我们的经济学也不能不是民族的经济学。所以，经济学的人文转向所涉及的问题是历史、民族和话语问题。

---

① 马克思，恩格斯．马克思恩格斯全集：第2卷．中文1版．北京：人民出版社，1957：118.

② 马克思，恩格斯．马克思恩格斯全集：第3卷．中文1版．北京：人民出版社，1960：30.

首先，中国政治经济学应该是采取历史方法的经济学。人的存在包括自然的存在、社会的存在，还有历史的存在。我们今天的人与我们前面的人和我们后面的人是有关联的，是分不开的，所以人一定是历史的人。毛泽东在延安时讲过："今天的中国是历史的中国的一个发展；我们是马克思主义的历史主义者，我们不应当割断历史。"① 实现中国经济学的人文转向，要求我们努力挖掘中国历史资源，包括经济史和经济思想史资源，为中国式道路的形成、演化和发展提供历史唯物主义阐释。

其次，中国的经济学应该是民族的经济学。民族经济学是谁提出来的？是德国人提出来的，德国历史学派当时不承认英国的主流经济学，他们认为他们应该建立一个德国人的国民经济学，因为他们认为他们与英国人是不同的民族，有不同的利益诉求。比如韦伯曾经说过："作为一门说明性和分析性的科学，政治经济学是跨民族的，但是，一旦涉及要作价值判断，政治经济学就必然受制于人类的某一特殊族系。"② 现在，中国经济学界也逐渐认识到，西方的经济利益并不能等同于世界的经济利益和中国的经济利益，经济全球化促进了中国与世界的融合，也加剧了中国与世界特别是西方国家的经济利益冲突。因此，中国经济学的人文转向，必然包括民族经济的价值内涵，需要建立中国的"国民经济学"。

最后，中国经济学要使用自己的民族语言，形成中华民族独特的话语体系。语言是文化的符号。不同民族的文化价值通过不同的话语体系得以表述，不同民族的利益诉求也必须通过不同的话语体系得以表达。从历史上看，任何一个民族国家的崛起，都必然伴随着本民族语言的形成和兴起，也必然形成本民族的学术话语体系，即所谓"文以载道"。中国经济的崛起和中国道路的形成，要求中国经济学的兴起。但中国经济学的兴起

---

① 毛泽东．毛泽东选集：第2卷．2版．北京：人民出版社，1991：534.

② 马克斯·韦伯．民族国家与经济政策．北京：三联书店，1997：91.

并不能有赖于西方经济学家对中国经济学的认可，而取决于中国经济学自立于世界经济学之林的能力。这就必须建立自己的学术话语体系，掌握自己的话语权。我们要在马克思主义经济学基本理论的指导下，吸收西方经济学学术话语，发掘中国经济史和经济思想史资源，形成独特的经济学话语体系，构建“中国话语”的经济学。

七、中国价值传统与政治经济学的重构

建设中国特色的政治经济学，必须坚持马克思主义的指导，并综合西方经济学的有用成分，还要努力发掘中华优秀文化的资源。事实上，中国历史上有十分丰富的经济思想，其中不少思想至今仍有重要的价值。

《尚书·大禹谟》说：“德惟善政，政在养民。水、火、金、木、土、谷，惟修。正德、利用、厚生、惟和。”

首先是正德。人与动物的区别有两个。一是低级的区别，指的是人类起点上的区别，即人能够制造工具，能够从事有目的的活动即劳动，因而成为一种“类存在”；人的这种本质存在的扩大和延伸，就成为人的工具理性，包括科学技术的发展和制度组织的发展。二是高级的区别，即人有思想，而人类思想的发展就是文化，即所谓“关乎人文，化成天下”。而道德是文化的核心，道德水平构成不同社会文化的标准。所以道德是人类最根本的社会属性，人们的社会行为既要取得“合法性”与“合理性”，又要取得“合德性”。所以，正德就是要建立社会的“合德性”标准。对于经济学来说，正德就是要建立经济学的道德标准。

其次是利用。正德作为价值导向，但必须有实际的“利用”作为工具或手段来支持。各代思想家对“利用”都做过阐释。如蔡沈则释为“工作

什器，商通货财之类，所以利民之用也”（《书经集传·大禹谟》）。总的来看，“利用”就是使财用充实、器用便利，具有经济和技术的意义，用马克思主义的话语来阐释就是发展生产力。利用包括自然之用、科技之用和市场之用。自然之用和科技之用没太多争议，我这里多说说市场之用。在现代市场经济制度下，人们都是理性的经济人，市场是竞争的场所，市场通过自利和竞争机制激励市场主体，在提高效率和扩大财富生产的同时，也产生与竞争原则相悖的垄断并导致社会分配的严重不公。这些制度既是市场经济发展的结果，也是市场经济异化的结果。而社会主义市场经济的发展需要回归市场的本质。古人认为：“利者，义之和也”，认为市场的作用是合作而不是竞争。这就是说，市场是实现“利”的场所，但是“利”的实现必须通过“和”，“和”就是市场主体相互之间的和谐，也就是通过合作实现的和谐。市场的基本功能是合作，合作是市场之本，而竞争和获利只是市场之用而已，只有合作才能实现市场各个主体的效益。

再次是厚生。厚生就是将民生放在首位。“生”指的是生命，亦即生民。《尚书》说：“道洽政治，泽润生民”（《尚书·周书·毕命》）。民生就是人民的生活、生计。如《左传》说：“事以厚生，生民之道”（《左传·文公六年》）。这就是中国传统“生民”政治的思想基础。生民政治以生民的生命价值为核心，即首先考虑的是生民的生存和发展，即“生民之道”。所以，生民政治的首要目标就是“为生民立命”。“为生民立命”就是确立政府的目标责任。厚生不仅仅是要百姓富裕，国家强盛，还要对人民实行教育。《论语·子路》记载：“子适卫，冉有仆。子曰：‘庶矣哉！’冉有曰：‘既庶矣，又何加焉？’曰：‘富之。’曰：‘既富矣，又何加焉？’曰：‘教之。’”汉刘向《说苑·君道》有语：“先恕而后教，是尧道也。”可见，厚生之意并不仅仅是给人民以富裕的生活，还要让人民过上有道德、有秩序、有理想的生活。中国特色政治经济学的建构，就必须以厚生为核心内容。

最后是惟和。中国价值传统的终极点在于对生命的关怀。这里自然导出了中国价值传统对另一个方面的关注，即人的和谐发展。《尚书》将正德、利用、厚生并为三事，但还提出三事“惟和”。就是说，正德、利用、厚生三件大事的协调运行，才是平治天下的根本大计。马克思主义将未来社会的关注确定为人的自由全面的发展。然而，自由全面发展作为终极的价值，还必须有可行的现实关注。所以结合中国传统文化将人的自由全面发展进一步落实为和谐发展，既具有终极理想意义，更结合了现实考量。人的全面发展需要和谐，没有和谐发展不可能实现全面发展，人的和谐发展是人的全面发展的根本途径。中国特色政治经济学的建构，也必须体现“和”的价值。我前面讲市场经济的本质是合作，合作为体，竞争为用，说的正是这个道理。

我的研究和思考还很肤浅，我所讲的也只能是个大概，很多东西只能略过。总的来看，我觉得中国特色政治经济学的建构要从哲学这个层面开始，如果从中国哲学和中国历史出发，也许能走出一条路。当然能否走得通我也不知道，不妨做一个尝试，万一成功了呢。《诗经》说：“周虽旧邦，其命维新”，我们中华民族有五千年历史，但我们的“命”是新的，我们每个人的“命”也是新的，这个“命”就是“使命”，这个历史使命就在我们大家肩头，我们每个人都要努力去做。当然，成功不一定在我们手上，很可能在我们后人手上，这个任务可能需要两三代人才能完成。

关于坚持和发展中国特色社会主义政治经济学的几个重大原则

何自力

2016 年 7 月 8 日，习近平总书记在主持经济形势专家座谈会时指出："坚持和发展中国特色社会主义政治经济学，要以马克思主义政治经济学为指导，总结和提炼我国改革开放和社会主义现代化建设的伟大实践经验，同时借鉴西方经济学的有益成分。中国特色社会主义政治经济学只能在实践中丰富和发展，又要经受实践的检验，进而指导实践。要加强研究和探索，加强对规律性认识的总结，不断完善中国特色社会主义政治经济学理论体系，推进充分体现中国特色、中国风格、中国气派的经济学科建设。"总书记的讲话深刻指出了构建中国特色社会主义政治经济学的指导原则、目标、任务和途径，对推动中国特色社会主义政治经济学的建设和发展具有十分重要的指导意义。笔者认为，以习近平总书记的讲话精神为指导，坚持和发展中国特色社会主义政治经济学应当遵循五大基本原则。

一、坚持和继承马克思主义政治经济学的理论品质

马克思主义政治经济学是革命性与科学性的统一，是揭示社会经济形态的本质特征及其运动规律，阐明资源配置、财富生产以及财富分配规律的科学经济学体系，具有独特的理论品质，坚持和发展中国特色社会主义政治经济学必须坚持和继承马克思主义政治经济学的理论品质。马克思主义政治经济学的理论品质主要体现在以下四个方面。

其一，马克思主义政治经济学是反映客观经济规律的经济学。马克思主义政治经济学将社会经济形态的发展看作不以人的意志为转移的客观历史过程。社会经济发展和变迁的历史过程是经济学理论逻辑过程的基础，经济学理论逻辑过程则是社会经济发展和变迁的历史过程在思维中的再现，所以，经济学理论逻辑的进程与社会经济发展和变迁的历史进程的有机统一是经济学成为科学的重要方法论基础。马克思主义政治经济学对历史的反映不是直接和简单的复制，理论逻辑是修正过的历史，它通过对历史事实的加工改造，抛弃了历史发展过程中的表面的、偶然性的因素，提炼并保留了历史发展进程中本质的、必然性的因素，抓住了历史发展的大方向和基本趋势，反映社会历史发展的客观规律性。正如马克思和恩格斯所说，“历史从哪里开始，思想进程也应当从哪里开始，而思想进程的进一步发展不过是历史过程在抽象的、理论上前后一贯的形式上的反映”①。

其二，马克思主义政治经济学是有历史感的经济学。马克思主义政治经济学建立在对客观经济过程及其运动规律的深入研究上，源于对具体的

① 马克思，恩格斯. 马克思恩格斯全集：第 13 卷. 中文 1 版. 北京：人民出版社，1962：532.

时间和空间所构成的社会经济运动过程的特定历史条件和特殊历史环境的分析。马克思主义政治经济学认为离开了对特定时空的经济现象的抽象分析，任何精巧的推理和演绎都只能得出荒谬的结论，建立在非历史性的抽象假设和脱离实际的逻辑演绎基础上的经济学注定会走向破产，而以这样的经济学为指导去理解和认识社会经济运动过程，甚至据此制定经济政策以影响社会经济过程，必然会产生非常有害的后果。马克思主义政治经济学的历史感使其摆脱了形式主义的窠臼，始终把认识和揭示具体的、现实的社会经济发展过程的本质特征和内在必然性作为自己的首要任务。在马克思主义政治经济学的视野里，不存在抽象的人的需要，也不存在抽象的理想状态，从不在抽象的逻辑层面上讨论理论命题的真与伪，更不脱离实际去构建所谓“标准的”分析模型。马克思主义政治经济学的抽象总是从具体中来，又还原到具体中去，从不玩让客观实际服从空洞假设的削足适履的游戏。

其三，马克思主义政治经济学是实践的经济学。马克思主义政治经济学强调科学的经济学命题和观点不是来自人的观念，而是来自鲜活的生活实践，是人的社会生活实践在观念形态上的反映。理论是灰色的，实践之树常青。从事经济学研究不能闭门造车，不能凭空想象，经济学必须直面客观现实，回答现实生活提出的重大问题和热点问题，不回避尖锐问题，更不回避所谓的敏感问题。在纷繁复杂、矛盾交织的社会现实面前，经济学只有迎难而上，敢于和善于回答各类重大问题，为人们正确认识和把握社会经济生活的运动规律提供指导，才能具有强大的生命力。马克思主义政治经济学强调经济学的命题是否正确，是否有意义，不在于它是否合乎逻辑，或有多么精妙的表达形式，而在于它是否反映客观实践，是否经受得住实践的检验。作为一种富有历史感的经济学，马克思主义政治经济学从不宣布自己掌握了永恒的真理，而是坚持一切从实际出发，实事求是，在实践中检验和发展真理。从马克思主义政治经济学的发展历史可以看出，马克思主义政治经济学不是一成不变的，而总是根据实践的发展和时代变化加以丰富和发展的。早在1892年《共产党宣言》德文版序言中马克思和恩格斯就指出，“这些基本原理的实际运用，正如‘宣言’中所说的，随时随地都要以现存历史条件为转移”①。马克思主义政治经济学的历史感表明，经济学如果不顾历史条件和现实情况的变化，拘泥于特定历史条件下针对某种具体情况做出的某些个别论断，就会因为理论脱离实际而缺乏说服力和生命力。

其四，马克思主义政治经济学是不断创新的经济学。马克思主义政治经济学总是与时代的发展相同步，总是伴随着实践的发展而发现新情况，提出新问题，通过理论创新回答新问题，用创新的理论指导实践。对于马克思主义政治经济学的科学价值的判断，不在于它曾经回答了什么问题，而在于它根据实践的变化，尊重和遵循客观规律，不断超越前人和自己的已有观点，不断提出新的反映客观经济规律的理论和观点。对于马克思主义政治经济学而言，实践没有止境，理论创新也永远没有止境，与时俱进，不断创新，是马克思主义政治经济学的生命力的源泉。

二、坚持马克思主义经典作家对社会主义和共产主义社会的科学预言

马克思主义政治经济学揭示了资本主义必然灭亡、社会主义和共产主义必然胜利的客观规律，阐明了社会主义和共产主义社会的基本特征。中

① 马克思，恩格斯．马克思恩格斯全集：第21卷．中文1版．北京：人民出版社，1965：409.

国特色社会主义政治经济学必须坚持马克思主义经典作家对未来社会的科学预言，结合中国经济改革与发展的实际进行创新，放弃马克思主义经典作家对未来社会的设想，就失去了坚持和发展中国特色社会主义政治经济学的基本立场和前进方向。

其一，消灭私有制，建立公有制。马克思主义经典作家把消灭私有制、建立公有制作为共产党人全部理论和一切实践的最高目标。马克思说，"共产党人可以把自己的理论概括为这样一句话：消灭私有财产"。废除私有制，才能使劳动与资本直接结合，劳动转化为直接的社会劳动，以直接方式满足社会需要，扬弃劳动异化。"共产主义是私有财产即人的自我异化的积极的扬弃，因而是通过人并且为了人而对人的本质的真正占有"。恩格斯在《共产主义原理》中说，私有制必须废除，代替它的是共同使用全部生产工具和按共同协议来分配产品，即所谓财产共有，废除私有制甚至是工业发展所必然引起的改造整个社会制度的最简明扼要的说法，所以共产主义者提出将废除私有制作为自己的主要要求是完全正确的。

其二，社会生产实现有计划的组织和管理。一旦社会占有了生产资料，商品生产就将被消除，而产品对生产者的统治也将随之消除。社会生产内部的无政府状态将为有计划的自觉的组织所代替。恩格斯指出："这种新的社会制度首先必须剥夺相互竞争的个人对工业和一切生产部门的经营权，而代之以所有这些生产部门由整个社会来经营，就是说，为了共同的利益、按照共同的计划、在社会全体成员的参加下来经营。"① 马克思指出："在一个集体的、以共同占有生产资料为基础的社会里，生产者并不交换自己的产品；耗费在产品生产上的劳动，在这里也不表现为这些产品

① 马克思，恩格斯. 马克思恩格斯文集：第1卷. 北京：人民出版社，2009：683.

的价值，不表现为它们所具有的某种物的属性，因为这时和资本主义社会相反，个人的劳动不再经过迂回曲折的道路，而是直接地作为总劳动的构成部分存在着。”①

其三，个人消费品按劳分配与按需分配。马克思指出：“在共产主义社会高级阶段上，在迫使人们奴隶般地服从分工的情形已经消失，从而脑力劳动和体力劳动的对立也随之消失之后；在劳动已经不仅仅是谋生的手段，而且本身成了生活的第一需要之后；在随着个人的全面发展生产力也增长起来，而集体财富的一切源泉都充分涌流之后，——只有在那个时候，才能完全超出资产阶级法权的狭隘眼界，社会才能在自己的旗帜上写上：各尽所能，按需分配！”②。

其四，每个人自由而全面的发展得到实现。在共产主义条件下，人摆脱了自然经济条件下的对“人的依赖关系”，也摆脱了商品经济条件下对“物的依赖性”，实现了人的“自由个性”的发展。人的发展是全面的发展，不仅体力和智力得到发展，各方面的才能和工作能力得到发展，而且人的社会联系和社会交往也得到发展。“代替那存在着阶级和阶级对立的资产阶级旧社会的，将是这样一个联合体，在那里，每个人的自由发展是一切人的自由发展的条件。”③

对共产主义远大理想的追求是一个漫长的过程，这个过程由若干阶段所构成。中国特色社会主义是全体人民的共同理想，是追求共产主义远大理想过程的重要组成部分。在21世纪头20年，全面建设小康社会，再继续奋斗几十年，到21世纪中叶基本实现现代化，把我国建设成为富强、民主、文明、和谐的社会主义国家。在我们达到这一理想目标之后，中国

① 马克思，恩格斯．马克思恩格斯全集：第19卷．中文1版．北京：人民出版社，1963：20.
② 同①22.
③ 马克思，恩格斯．马克思恩格斯全集：第39卷．中文1版．北京：人民出版社，1974：189.

特色社会主义道路还将继续向前延伸，中国特色社会主义事业还将进一步向前推进，中国社会将进入新的发展阶段，中国特色社会主义共同理想还会增添新的内容。中国特色社会主义与科学社会主义是一脉相承的，科学社会主义是我们的远大理想，中国特色社会主义是共同理想。坚持和发展中国特色社会主义，就是要在坚持共产主义远大理想的基础上，探索上述四大特征在当代中国的具体实现形式。不坚持科学社会主义的原则，中国特色社会主义政治经济学建设就会迷失方向，丧失灵魂。

三、系统总结中国特色社会主义的伟大实践

中华人民共和国成立，特别是党的十一届三中全会以来，我们党把马克思主义政治经济学基本原理同改革开放新的实践结合起来，不断丰富和发展马克思主义政治经济学，形成了当代中国马克思主义政治经济学的许多重要理论成果，它们构成中国特色社会主义政治经济学的基本内容。

1. 社会主义本质理论

社会主义本质问题是中国特色社会主义的核心问题。邓小平提出社会主义本质是解放生产力、发展生产力，消灭剥削，消除两极分化，最终达到共同富裕，这是对社会主义本质理论的创新。党的十八大以来，习近平总书记进一步提出的实现中华民族伟大复兴的中国梦、“两个百年”奋斗目标、“五位一体”总体布局、“四个全面”战略，是对社会主义本质理论的丰富和发展

2. 社会主义发展阶段理论

我国处于并将长期处于社会主义初级阶段，这是我国最大的国情，我

们党正是从社会主义初级阶段的这一基本国情出发，揭示了社会主义基本经济制度的本质特征，提出了指导各项工作的基本路线，走出了中国特色社会主义道路，形成了中国特色社会主义理论体系，建立了中国特色社会主义制度，铸就了中国特色社会主义文化。

3. 社会主义初级阶段基本经济制度理论

中国特色社会主义基本经济制度是公有制为主体、多种所有制经济共同发展，毫不动摇巩固和发展公有制经济，毫不动摇鼓励、支持、引导非公有制经济发展，是坚持和发展中国特色社会主义的根本保证，混合所有制是基本经济制度的实现形式，发展国有资本、集体资本、非公有资本等交叉持股、相互融合的混合所有制经济是在新的历史条件下壮大国有经济的重要途径。

4. 社会主义市场经济理论

社会主义市场经济体制是社会主义基本经济制度与市场经济体制的有机结合，使市场在资源配置中起决定性作用和更好发挥政府作用相结合是健全和完善社会主义市场经济体制的方向。社会主义市场经济体制是市场经济的新形态，是中国特色社会主义的伟大创举，具有无可比拟的优越性。

5. 经济发展新常态理论

针对世界经济格局的新变化中国经济变化的实际情况，习近平总书记提出我国经济发展进入新常态的科学判断，揭示了增长速度从高速转向中高速，发展方式从规模速度型转向质量效率型，经济结构调整从增量扩能为主转向调整存量、做优增量并举，发展动力从主要依靠资源和低成本劳动力等要素投入转向创新驱动的客观必然性，为稳增长、调结构、促改革、惠民生、防风险，实现经济中高速增长、经济结构迈向中高端水平提供了强大理论指导。

6. 供给侧结构性改革理论

该理论是探索中国特色社会主义发展道路的重要创新成果，是对经济发展规律的新认识和新概括，推动供给侧结构性改革是事关经济长期稳定健康协调发展的根本举措，是确保供给结构对需求变化的适应性和灵活性，实现经济中高速增长，产业迈上中高端水平的必由之路。

7. 以人民为中心的理论

该理论是对中国特色社会主义根本原则的丰富和发展，它揭示了中国特色社会主义质的规定性，明确了中国特色社会主义的发展方向，这就是：坚持以人民为主体，增进人民福祉、促进人的全面发展、努力实现公平正义、逐步实现共同富裕。

8. 五大发展理念的理论

创新、协调、绿色、开放、共享五大理念是我们党对我国经济、社会和自然发展规律的新认识，是中国特色社会主义伟大实践的理论概括。创新是引领发展的第一动力，协调是持续健康发展的内在要求，绿色是永续发展的必要条件和人民对美好生活追求的重要体现，开放是国家繁荣发展的必由之路，共享是中国特色社会主义的本质要求，以五大发展理念为指导，将推动中国特色社会主义建设进入新的伟大历史阶段，取得更加辉煌的发展成就。

9. 统筹国际国内两个市场的理论

统筹国内国际两个大局，发展更高层次的开放型经济，积极参与全球经济治理，是新时期对外开放的根本方针，体现了我们党对经济全球化大趋势和大逻辑的科学认识，反映了我们党对中国经济与世界经济相互联系、相互依存关系的深刻把握，对于中国进一步走向世界，做负责任的大国，参与全球治理，建立人类命运共同体，实现共赢共享，具有重要的指导作用。

10. 维护公平正义、逐步实现共同富裕的理论

该理论是对中国特色社会主义分配关系的深刻理解和认识，是对社会主义根本原则的丰富和发展，它反映了中国特色社会主义的本质，体现了中国特色社会主义的内在要求，指明了中国特色社会主义的发展方向。

这些重大理论创新是立足我国国情和发展实践，在马克思主义政治经济学基本原理和方法论的指导下完成的，与马克思主义政治经济学一脉相承，是马克思主义政治经济学的中国化，是马克思主义政治经济学的新发展，书写了马克思主义政治经济学的新篇章，坚持中国特色社会主义政治经济学，就是坚持当代中国的马克思主义政治经济学。

四、科学认识中国特色社会主义政治经济学的起点和主线

公有制是社会主义经济制度的基础，坚持和发展中国特色社会主义政治经济学必须把公有制作为起点。

对于中国特色社会主义政治经济学起点的选择，学界有以下几种观点：

其一，认为中国特色社会主义政治经济学的起点应该是“生产力”。持该观点的学者认为，社会主义的根本目的既然是解放和发展生产力，那么揭示中国特色社会主义经济运行规律的政治经济学就应该以生产力作为起点。生产力作为满足人民群众日益增长的物质文化需要的关键因素，具有基础性地位，没有高度发达的生产力，社会主义的目的和优越性就难以得到体现。我们认为，这种观点具有一定的合理性，但是，以生产力作为起点，无法体现出社会主义制度的典型特征，无法将社会主义和资本主义

明确地区分开来，因此有一定的局限性。

其二，认为中国特色社会主义政治经济学的起点应该是“国家”。持该观点的学者认为，我国社会主义制度的建立、建设和完善，背后都有一个根本性的指导力量：国家。没有国家层面的革命，就没有社会主义制度的建立，也就不会有体现社会主义性质的经济关系的确立；没有国家层面的改革，就没有社会主义制度的又一次创新和发展，也就不会有中国特色社会主义市场经济制度的建立和完善。我们认为，这种观点看到了我国社会主义制度建立和完善的特殊性，看到了国家作为行动主体对经济的巨大影响力，但是，根据历史唯物主义，国家属于上层建筑，国家在我国经济生活中发挥特别重要的作用并不能否定经济基础的决定作用，把国家作为构建中国特色社会主义政治经济学的起点，既不符合实际，也违背历史唯物主义基本原理。

其三，认为中国特色社会主义政治经济学的起点应该是“人民”。持该观点的学者认为，人民群众是中国特色社会主义事业的建立者和推动者，因此应该以“人民”作为起点。这种看法看到了我国社会主义的建设主体的典型特征，体现了一定的唯物史观的要求，但是，它没有看到“人民”范畴是贯彻中国特色社会主义经济始终的重要范畴，仅仅把“人民”范畴作为中国特色社会主义政治经济学的起点是远远不足以体现中国特色社会主义的本质特征的。

中国特色社会主义政治经济学立足于中国改革发展的成功实践，是研究和揭示现代社会主义经济发展和运行规律的科学，是在长期的经济发展实践中形成的科学完整的理论体系。公有制是中国特色社会主义经济的基础和质的规定性，表现为“普照的光”，一切经济活动和经济关系都在其涵盖和影响之下，中国特色社会主义政治经济学以公有制为起点，体现了理论逻辑与历史逻辑的一致性为什么人的问题是经济学的根本立场问题？习近平总书记指出："以人民为中心是马克思主义政治经济学的根本立场"，这一思想揭示了马克思主义政治经济学的本质，也为坚持和发展中国特色社会主义政治经济学指明了方向。

坚持以人民为中心的根本立场，马克思主义政治经济学公开申明自己是为劳动群众服务的。劳动者是社会财富的创造者，劳动是价值的唯一源泉，这是政治经济学的基本常识，但是在漫长的人类历史长河中，特别是在资本主义社会，创造财富的劳动者却不能占有自己的劳动成果，占统治地位的经济学更是将这一真相掩盖在一大堆华丽晦涩的词藻里。马克思在其不朽巨著《资本论》中提出劳动价值论和剩余价值论，澄清了围绕价值和剩余价值创造所形成的种种混乱和谬误，揭示了价值和剩余价值的真正来源，揭露了资本剥削雇佣劳动的秘密，为劳动群众实现解放指明了道路和方向，这是马克思主义政治经济学以人民为中心的根本立场的充分体现。

坚持以人民为中心的根本立场，马克思主义政治经济学把共同富裕作为理论发展和创新的根本目标。马克思主义政治经济学深刻地指出，社会主义和共产主义以前的所有社会形态都是以剥削阶级的富有和被剥削劳动者的贫困为特征的，只有在社会主义和共产主义条件下，由于生产资料公有制的建立和社会财富的充分涌流，所有社会成员才得以实现共同富裕。中国特色社会主义与未来的社会主义和共产主义一脉相承，实现共同富裕是中国特色社会主义的根本原则。党的十八大以来，习总书记提出的一系列治国理政新思想新理念新战略把共同富裕作为核心原则，强调把增进人民福祉、促进人的全面发展、朝着共同富裕方向稳步前进作为经济发展的出发点和落脚点，要在学有所教、老有所得、病有所医、老有所养、住有所居上持续取得新进展，不断实现好、发展好最广大人民的根本利益，使发展成果更多更公平惠及全体人民。这是对马克思主义政治经济学以人民为中心的根本立场的继承和发展，也为开辟马克思主义政治经济学的新境界指明了方向。

坚持以人民为中心的根本立场，马克思主义政治经济学把探索经济发展规律、推动生产力的解放和发展视为自己的根本任务。马克思主义政治经济学把人民群众在征服自然、改造自然的生产实践中形成的生产力视为社会进步和发展的强大动力，把生产力与生产关系的矛盾运动视为社会发展的基本矛盾，强调只有不断解放和发展生产力，才能最终实现每个人自由而全面的发展和共同富裕。立足中国特色社会主义建设的伟大实践，邓小平指出，社会主义的本质是解放生产力，发展生产力，消灭剥削，消除两极分化，实现共同富裕，这是对什么是社会主义，怎样建设社会主义问题的深刻回答，体现了我们党对中国特色社会主义发展规律的深刻认识。在新的历史条件下，习总书记提出五大发展理念，该理念以创新发展为引领，以协调发展、绿色发展和开放发展为抓手，以共享发展为目标，全面表达了对中国经济的发展思路、发展方向和发展着力点的新认识新观点，是解放和发展生产力，实现共同富裕的理论原则和行动纲领，体现了我们党在新历史条件下对中国特色社会主义发展规律的新认识，为中国特色社会主义政治经济学增添了新成果，进一步丰富和发展了马克思主义政治经济学。

坚持以人民为中心的立场，马克思主义政治经济学在回答重大实践问题中实现创新和发展。马克思主义政治经济学强调科学的经济理论不是来自人的主观想象，而是源自人民群众鲜活的生产实践，只有与时俱进，不断研究新情况、回答新问题，才能实现理论创新，用新的理论指导新的实践。习总书记指出，要立足我国国情和我国发展实践，揭示新特点新规律，提炼和总结我国经济发展实践的规律性成果，把实践经验上升为系统化的经济学说，不断开拓当代中国马克思主义政治经济学新境界。我国经济已经进入新常态，经济和社会发展面临一系列新情况、新课题。例如：如何实施“五位一体”总体布局和“四个全面”战略布局；如何在稳中求进工作总基调的指引下，推动稳增长、调结构、促改革、惠民生、防风险工作落到实处；如何处理好供给管理与需求管理的关系；如何统筹国内和国际两个大局；如何建立着力发挥先发优势的引领型发展模式；如何推动“一带一路”建设全面落实；如何引领经济全球化进入新阶段；等等。

基于以上认识，我们认为以人民为中心应该成为中国特色社会主义政治经济学理论体系的主线。

五、深刻认识和批判西方经济学的庸俗性

坚持和发展中国特色社会主义政治经济学，既要以马克思主义为指导，坚持和吸收科学社会主义的科学理论，也要以马克思主义为指导，吸收西方经济学的有益成分，批判西方经济学的庸俗本质，破除西方经济学对中国经济学教育教学的支配、控制和主导地位，切实改变马克思主义政治经济学被边缘化的状况。

现代西方经济学是西方国家统治阶级维护资本主义制度的理论工具，代表了资产阶级的利益和要求，反映了资产阶级的意识形态，其主要缺陷是：其一，坚持方法论个人主义的经济哲学，歪曲个人与社会的辩证关系，把资本主义条件下体现资本本性的追求利润最大化的行为标榜为人的抽象不变的本性，为资产阶级剥削和占有雇佣劳动者的剩余价值的行为辩护。其二，用形而上学观点看待人的理性，歪曲人类理性的有限性与无限

性的辩证关系，导致其对经济主体行为方式的认识严重缺乏历史感，这使得以此为基础构建的经济理论体系不能正确认识经济主体决策和选择的内在逻辑，不能科学判断资源配置机制的优劣，不能对长期的经济发展趋势做出科学的预测，进而不能对微观经济规制和宏观经济调控提供科学的指导。其三，用自然主义的态度看待人类社会，歪曲人类社会与自然界的辩证关系，把自然规律生搬硬套来解释人类社会经济活动，企图证明市场经济不存在供求关系的严重失衡，不会发生严重的经济危机，误导人们对社会经济规律的认识，使人们不断遭受经济规律的惩罚。其四，追求超历史的经济学，歪曲社会生产一般与特殊的辩证关系，刻意抹杀不同时空、不同环境条件下的人类经济活动的本质差异，将经济学变成超越时代、无所不能的神话。其五，滥用数学进行经济分析，歪曲形式与内容的辩证关系，只见树木，不见森林，对经济变量的因果关系进行机械刻画，无法反映普遍的社会经济联系，难以揭示经济运行的内在规律。西方经济学的这些弊端使其丧失了科学的认知功能，严重妨碍人们形成科学的经济学思维，难以对人们观察和认识社会经济活动的规律性提供科学指导，误导人们面对社会经济矛盾做出错误的选择，蒙受经济规律的严厉惩罚。

20世纪70年代以来新自由主义思潮兴起，体现新自由主义核心理念和精神实质的西方经济学大行其道，不但对西方国家经济发展产生了消极影响，而且对苏联和东欧国家以及一些发展中国家的改革产生了严重误导，使这些国家经济陷入长期停滞，社会矛盾不断激化，甚至国家解体，内乱不止。在我国学术界，一些人将这套已经给包括西方国家在内的许多国家带来严重祸害的思潮和经济学说引入中国，主导中国经济学的话语体系，干扰和误导中国的改革，肆意贬低中国改革开放40年来形成的独特发展道路和发展模式，宣称中国经济取得的成就都是利用市场和推行私有化的结果，而出现的问题都是政府干预过多、国有经济比重过大所致；认为要素配置机制扭曲、企业活力不足、私营经济的主体地位没有确立，是造成中国经济下行的主要原因；认为中国经济过去的高速度是靠扭曲的机制和发展方式获得的，现在经济增速下降是回归自然状态，对政府主动出击制止经济下行的努力指手画脚，极力阻挠；鼓吹只有实行全盘私有化和完全市场化，在制度和体制方面完全与美国模式接轨，才能实现高质量的经济增长。显然，这些认识和主张是完全错误的，是根本经不起历史检验的，具有很大的危害性。如果任凭这样的理论和主张干扰改革，任凭这样的错误观点继续传播和发酵，必然会严重搞乱人们的思想，误导改革开放的方向，削弱党和政府的领导力和执行力，激化各种经济和社会矛盾，恶化改革开放和社会主义现代化建设的舆论环境，破坏安定团结的大好形势和局面。因此，必须对体现新自由主义要求的西方经济学的庸俗本质进行深刻分析和批判，澄清这套理论体系在人们思想上造成的严重混乱，只有这样，才能牢固确立马克思主义政治经济学的主导地位，才能切实坚持和发展中国特色社会主义政治经济学。

西方经济学与中国特色社会主义政治经济学

方福前

一、西方经济学在中国的境遇变迁

中国学界对西方经济学的态度的发展变化与我们今天中国特色社会主义政治经济学的建设是有相关性的。在我看来，要建设中国特色社会主义政治经济学首要的是在马克思主义政治经济学的指导下，立足于中国的国情和实际，把我国改革开放以来的伟大实践加以理论化，在这个过程中可能不能回避西方经济学，也没有办法回避西方经济学。自 20 世纪 90 年代以来，在中国大学的课程设置和教学中，在中国学术界的研究过程中，西方经济学都是一种客观存在。要建设中国特色社会主义政治经济学，我觉得还是要关注一下西方经济学、研究一下西方经济学，这可能对我们这个伟大工程的建设是有帮助的。我先讲西方经济学在中国的境遇变迁。

我们都知道中华人民共和国成立到改革开放之前约30年，中国的经济学等于是苏联版的马克思主义政治经济学，这一点不会有多少争议。我记得恢复高考以后，1978年2月，我们跨入大学校门的时候，我们所学的经济学基础理论的课程只有政治经济学，而且这是苏联版的政治经济学教科书体系，其他的经济学课程，例如财政学、货币银行学、工业经济学、农业经济学、商业经济学等内容基本上都是按苏联范式写的。所以，改革开放前约30年我们中国的经济学教学和研究，基本上与西方经济学没什么关系。据我所知，那时候在中国的高校中只有少数几所高校能够开设少量的西方经济学课程，当时叫作资产阶级经济学。20世纪60年代一些经济学前辈在北京大学和中国人民大学开讲凯恩斯的《就业、利息和货币通论》(凯恩斯主义)、《人民资本主义》、《福利经济学》等。

改革开放以来，西方经济学在中国的境遇经历了三个不同的阶段。

1. 第一个阶段，以批判为主的阶段

从1979年到20世纪80年代中期，引进西方经济学和我们的改革开放是密切联系在一起的。1978年12月，党的十一届三中全会做出了改革开放、党的工作转移到以经济建设为中心的伟大决策。随着改革开放打开了国门，我们引进的不仅是外国的资本、外国的技术、外国的机器设备，同时也引进了外国的科学技术知识和人文社会科学知识，其中就包括西方经济学。

这个阶段中国学术界和教育界是把西方经济学作为庸俗经济学，作为批判的对象来讲授的。我是经历过这个阶段的人。我们那时候在大学念书也好，在研究生阶段念书也好，授课教师讲授西方经济学时主要就是批判西方经济学。我的硕士研究生课程主要是在武汉大学修读的，读研期间还在北京大学、中国人民大学和中国社会科学院研究生院选修过一些研究生课程，总的感觉是这些学校的教师对西方经济学很有研究，讲课的风格不一样，但是他们讲课的基本模式是一边讲授西方经济学（及其流派）一边批判西方经济学，这种讲课模式当时叫作“述评结合”。全国学术界当时的主流观点是认为西方经济学整体上是错误的、庸俗的、反科学的、反马克思主义的，其中只有个别概念和个别方法可以借鉴。高鸿业先生在评萨缪尔森（Paul A. Samuelson）《经济学》教科书时写道：“在萨缪尔森《经济学》的中译本序言中，我们已经表明对该书所应持有的态度。我们认为，虽然在个别概念、个别论点和个别方法上，该书有其可取之处，但就其所宣扬的新古典综合派的整个理论体系而言，该书代表传统庸俗经济学的继续和发展，基本上没有科学价值。”① 陈岱孙先生在1983年的一篇文章中谈道：“在对待西方经济学对于我们经济现代化的作用上，我们既要认识到，这些国家的经济制度和我们的社会经济制度根本不同，从而，现代西方经济学作为一个整个体系，不能成为我们国民经济发展的指导理论，同时，我们又要认识到，在若干具体经济问题的分析方面，它确有可供我们参考、借鉴之处。”② 另一位学者在1984年发表的文章中写道：“现代西方经济学是建立在资本主义经济基础上的上层建筑的一部分，是资产阶级的意识形态，是为资本主义制度和垄断资本的利益服务的。在我们有目的地研究和学习的同时，更要求我们旗帜鲜明地对它的阶级实质、庸俗观点和辩护性质从总体上、从本质上进行批判。”“批判现代西方经济学是一项长期的重要任务。我们一方面要旗帜鲜明地开展批判，另一方面要认真地总结和吸取过去的经验，决不能粗暴地乱批硬批，扣大帽子，简单生硬，要有分析地和实事求是地进行科学的批判，只有这样才能达到批判的目的，

---

① 高鸿业. 资产阶级宏观经济学的基本内容——评萨缪尔森《经济学》. 经济理论与经济管理，1983（2）：49.

② 陈岱孙. 现代西方经济学的研究和我国社会主义经济现代化. 北京大学学报（哲学社会科学版），1983（3）：5.

收到良好的效果。”[1] 当时中国学界对西方经济学的整体评价就是这样的。

2. 第二个阶段，批判与借鉴相结合的阶段

这个阶段是从20世纪80年代中后期到20世纪90年代初期。第二个阶段的背景主要是1984年10月中共十二届三中全会通过了《中共中央关于经济体制改革的决定》，提出了社会主义经济是以公有制为基础的有计划的商品经济。这是改革开放过程中的大事件，这预示着我国经济体制将面临重大变革，我们将废除过去几十年所实行的高度集中的计划经济体制，改成以公有制为基础的有计划的商品经济体制，在这个新体制下，经济的运行机制将是“计划调控市场，市场引导企业”。

在这个阶段，中国学术界对西方经济学的态度和第一个阶段有很大的区别。这个阶段学界的代表性观点是认为西方经济学有两重性：庸俗性和有用性。这和第一个阶段所说的个别概念和个别方法是有用的已经大不相同了，我国学术界开始用一分为二的观点来看待西方经济学了。陈岱孙先生在1995年的一篇文章中回忆说：“（20世纪）80年代末叶，我国克服了对西方经济学说的盲目批判、一概排斥的态度，当时，从事西方经济学研究工作的大多数学者，同意这样一个观点，即对当代西方经济学应当采取一分为二的科学分析的态度，摒弃其庸俗的基本理论和基本理论框架，吸取和借鉴其中某些合理成分。既要反对盲目批判、一概排斥的态度，又要反对盲目迷信、机械照搬的做法。近年来，我国广泛地开展了对西方经济学的研究和教学工作，并且在我国经济政策制定和企业经济管理工作中借鉴了西方经济学某些有用的成分，收到了一定的成效。经过10多年的研究，我们对当代西方经济学的了解前进了一大步。”[2]

陈岱孙先生在1987年3月发表的一篇题为《关于当代西方经济学评价

---

① 许纯祯．对现代西方经济学的研究和批判．吉林大学社会科学学报，1984（4）：75，77.

② 陈岱孙．对当前西方经济学研究工作的几点意见．经济学动态，1995（11）：3.

的几个问题》的文章中进一步把西方经济学的两重性解释为“庸俗性和科学性”。这篇文章写道：“当代西方经济学特别是正统派经济学的基本理论体系，是庸俗的，我们应当加以批判。另一方面，当代西方经济学，包括理论经济学和应用经济学，又包含着或多或少的科学成分，对于这些，我们应当加以采择和借鉴。”并且该文进一步认为，“这是马克思主义经典作家对待西方经济学的一贯的立场和观点，也是我们研究当代西方经济学的唯一正确的方针。”①

3. 第三个阶段，以应用为主的阶段

这个阶段大体上是从 20 世纪 90 年代中期开始的。这个阶段的背景主要是 1992 年邓小平同志南方谈话的发表和 1992 年 10 月中国共产党第十四次全国代表大会确定了我国经济体制改革的目标是建立社会主义市场经济体制。1993 年 11 月中共十四届三中全会通过了《中共中央关于建立社会主义市场经济体制若干问题的决定》。这个决定指出，社会主义市场经济体制是同社会主义基本制度结合在一起的；建立社会主义市场经济体制，就是要使市场在国家宏观调控下对资源配置起基础性作用；要进一步转换国有企业经营机制，建立适应市场经济要求，产权清晰、权责明确、政企分开、管理科学的现代企业制度。邓小平同志的南方谈话和党的十四届三中全会的决定标志着我国的经济体制将由有计划的商品经济体制转换到社会主义市场经济体制，同时要建立与这个经济体制相适应的微观基础和宏观调控体系。这种经济体制转轨的需要激发了中国经济学界进一步研究、介绍和应用西方经济学的热情。因为西方经济学的理论和政策的主要内容正是西方发达国家的市场经济实践和经验总结的产物。中国既缺少市场经济实践，也缺少市场经济理论，西方经济学正好可以供我们学习、研究和

① 陈岱孙. 关于当代西方经济学评价的几个问题. 陈岱孙文集：下卷. 北京：北京大学出版社，1989：838.

借鉴。

建设社会主义市场经济体制的需要使得我国经济学界的研究方向和研究重点发生了很大的变化。20世纪90年代中后期中国经济学界关注和讨论的问题很多，但是从基本理论上来看主要关注这么几个问题：一是市场经济与社会主义制度的关系，市场经济能否与社会主义制度相结合，如何结合；二是如何认识市场经济的性质、优缺点和运行机制，它与计划经济有什么区别；三是如何构建社会主义市场经济的微观基础，如培育市场体系、完善市场价格机制、建立现代企业制度。由于要回答这些问题，所以这个时期的中国经济学界更多地介绍和应用西方经济学中的价格理论、产权经济学、企业理论以及对市场经济制度进行正面论述较多的新古典经济学、新奥地利学派经济学、货币主义。其中，市场经济与社会主义制度的关系问题是重点问题，也是难点问题。无论是搞西方经济学的还是搞政治经济学或其他学科的学者都在研究这些问题：市场经济能否与社会主义制度相结合？如何结合？建设社会主义市场经济是前无古人的创举，马克思主义经典著作中没有“社会主义市场经济（体制）”一说，西方经济学论著中也没有，理论上都是空白。中国的伟大实践又一次走到了理论的前头，突破了理论的框框。我们要建立的正是现有的理论中所没有的这样一种社会主义市场经济体制，那么我们在经济学理论上怎么认识、怎么解释这种创新的经济体制？所以这个问题是当时经济学界讨论的一大热点问题。如何认识市场经济的性质、优缺点和运行机制？它和计划经济有什么区别？这也是当时大家所讨论的。如何构建社会主义市场经济的微观基础，比如如何培育市场机制、完善市场体系、建立现代企业制度？在研究、思考这些问题时许多学者自觉或不自觉地更多地去研究西方经济学的文献、西方经济学的教科书。这使得介绍和应用西方经济学的声势不断扩大，甚至一些讲授和研究政治经济学的学者也来研究西方经济学，一些政治经济学专业毕业的博士生到高校工作以后也不教政治经济学了，而是改行从事西方经济学的教学和研究，这一切似乎表明风气在开始变化。也就是在这个阶段，“政治经济学被边缘化”的呼声被提出来了，一些学者重新强调“正确对待西方经济学”，抵制西方经济学的呼声随之高涨。

改革开放以后中国学界对西方经济学的态度经历了三个不同的阶段，这三个阶段是和我国经济体制改革所走过的三个阶段相对应的。我国的经济体制由高度集中的计划经济体制转向有计划的商品经济体制，再走向社会主义市场经济体制，这是经济体制改革的三个阶段。在这个过程中，我国学界对西方经济学的态度转变也经历了三个阶段：以批判为主的阶段，批判与借鉴相结合的阶段，以应用为主的阶段。相应地先后对西方经济学有了三种界定或三种提法：庸俗经济学、西方经济学和现代经济学。对西方经济学态度的这三个阶段和三个提法与我国改革开放的三个阶段大体上是相对应的。这就是改革开放以来西方经济学在中国的境遇变迁过程。

西方经济学为什么会在改革开放后的中国经历这样的三个阶段，会有相应的三种提法和三种态度？这恐怕不能解释为人为的原因，也不能解释为西方经济学的影响如何强大。我认为这是我国的改革开放和经济体制改革进程所产生的一种结果，是这个伟大的历史进程所产生的一种需要。我们发展商品经济也好，建立社会主义市场经济体制也好，不仅要引进外国的资本、技术和设备，还要引进自然科学知识和对我们有用的人文社会科学知识，其中就包括西方经济学。我前面提到，我们建立社会主义市场经济体制，这是前无古人的创举，我们没有多少理论上的准备，也没有什么实践经验。因此，“什么是社会主义市场经济体制?”“为什么社会主义制度可以和市场经济相结合?”“社会主义制度如何和市场经济相结合?”“如何建立社会主义市场经济体制?”“如何运行和管理社会主义市场经济体制?”对这些既是重大的理论问题又是重大的实践问题的问题我们就需要研究，需要探索。市场经济在西方已经走过了几百年，它们有很多实践经验，相应地产生了很多总结这些经验的理论，提出了许多概括市场经济运行和发展的理论。这些理论和实践经验是我们过去所没有的，所缺乏的。这些理论和实践可能有错误，有这样那样的问题，但是，只要这些理论和实践对我们有启发，有参考借鉴价值，就值得我们去研究。即便是错误的理论和实践，只要认真研究了它们，知道了它们为什么会出错，错误的危害在哪里，我们就可以避免犯类似的错误，少走弯路，就可以知道应该扬弃什么。中国社会主义市场经济体制的建设正在进行，我们有必要把眼界向西方开放，看看人家的市场经济实践是什么样的，看看人家的市场经济理论是什么样的，这些理论和实践哪些对我们有用，我们应该怎么去正确地看待它们，这些理论、这些实践和中国建立社会主义市场经济体制有什么关系。我认为主要是这样一些客观需要造成了我们对西方经济学态度的变化。

西方经济学在中国境遇变迁的三个阶段是充满着分歧和争论的。根据我的观察，改革开放以来中国学界关于如何正确地对待西方经济学有过三次大争论：第一次大争论是高鸿业教授翻译出版了保罗·萨缪尔森《经济学》(第10版）以后，20世纪80年代初在中国经济学界掀起了一场关于如何看待西方经济学的大争论。萨缪尔森《经济学》的出版在中国学界引起了轰动，年轻的学者和当时在校的青年学生觉得这本书很有趣，书中的知识是全新的、丰富的，很多概念、方法和理论在过去闻所未闻。这本教科书当时很畅销，甚至一些摆地摊的小商贩也在卖萨缪尔森《经济学》。我国老一辈经济学家大多数人最初也是通过阅读萨缪尔森《经济学》教科书了解到微观经济学和宏观经济学的，初步认识了什么是市场经济，市场经济是如何运行的。这本教科书引起这么大的反响，自然就引起了质疑和争论，“我们怎么看待萨缪尔森《经济学》?”高鸿业先生在世的时候曾经跟我说，他翻译了这本书以后，学界有一些人批评他责问他“为什么要翻译萨缪尔森这本反动教材?”“为什么要宣扬资产阶级经济学?”有人提出，高老师必须写批判萨缪尔森《经济学》的文章，以消除这本书的错误影响，帮助青年学生和学者正确认识萨缪尔森《经济学》。于是，高老师写了“十评萨缪尔森《经济学》”，连载在《经济理论与经济管理》1983 年第 2 期至 1985 年第 5 期上。① 第二次大争论是 1994 年在北京由教育部高等学校社会科学发展研究中心和高校理论战线杂志社连续举办的三场西方经济学学术报告会，参会者是来自全国各地的经济学者，其中以从事西方经济学教学和研究的学者居多。这三场报告会主要是讨论如何评价和正确对待西方经济学。组织这个学术讨论会的背景是，1992 年邓小平同志南方谈话以后，1993 年中国共产党十四届三中全会决定建立社会主义市场经济体制，随之我国学界对西方经济学的态度转到以应用为主的阶段。特别是新制度经济学在当时的中国非常流行，当时的一些学者、一些文章言必称科斯和科斯定理，并认为科斯定理是我国产权制度改革和国有企业改革的理论基础，由此引起了学界的担忧：我们对西方经济学的态度是不是过头了？所以教育部高等学校社会科学发展研究中心组织了这样大规模的研讨会。这个讨论会后来出版了三本论文集。第三次大争论是由 2005 年 7 月刘国光先生发表《谈经济学教学和研究中的一些问题》（载《高校理论战线》2005 年第 9 期）引发的。这篇文章产生的背景主要是，进入 21 世纪以后我国经济学界对西方经济学的态度和第二个阶段比较起来可能更加亲西方经济学了，应用西方经济学的方法、理论和模型越来越多，批判西方经济学的越来越少。特别是中国加入 WTO 之后，西方经济学在中国被用得更多了。中国很多高校开始大批量引进海归经济学博士，有些学校的经济

① 其间因为高老师赴美国访问，中断过几期。这个系列评论后来以《评萨缪尔森〈经济学〉》为书名由中国人民大学出版社于 1988 年出版。

系、经济学院直接招聘海归学者做系主任或院长，而这些海归经济学博士大多没有系统学习过马克思主义政治经济学。这些做法和现象引起了刘国光先生和其他一些老一辈经济学家的担忧。在这场大争论中，有学者提出疑问：政治经济学在中国是不是还处于主流地位？马克思主义政治经济学还是中国经济研究和经济建设的指导思想吗？政治经济学的话语权是不是还控制在马克思主义经济学家手里？

虽然在如何正确地对待西方经济学的问题上一直存在争论，但是进入21世纪以来，加入争论的学者越来越少，争论的声音也越来越小了，避开争论而直接应用西方经济学的理论和方法来分析中国经济的越来越多了。这只要看看中国各类经济学和管理学杂志上发表的文章就可以发现这个变化趋势。

现在中国学术界对西方经济学持有四种看法或态度。第一种是完全否定的态度，也就是和前面第一个阶段的态度是一样的，认为西方经济学整体上是庸俗的、反科学的、错误的、有害的。这种观点现在已经不占主流了，但是还存在，老一辈的学者中间有，年轻的学者中间也有。有些人把老一辈中持这种观点的叫“老左派”，把年轻学者中持这种观点的叫“新左派”。这些人为数不多，但是他们在网上和有些期刊上还是比较活跃的。第二种是完全肯定的态度。和第一种态度完全相反，持完全肯定态度的人认为西方经济学是一种普遍原理，具有普世价值，在外国有用，是真理，在中国也有用，也是真理。他们认为西方经济学和自然科学一样没有国界，没有阶级属性和意识形态属性。持这种观点的人也不是很多。但是有，其中有人还在中国权威经济学期刊上发表文章阐述过这种观点。第三种态度认为有些西方经济学的流派、理论和政策主张适用于中国，有些流派的理论和主张不适用于中国。也就是说，不是所有的西方经济学流派的理论和政策主张对中国都是有用的，其中一部分流派对中国是有用的，因此我们应该学习这些流派的理论和政策。例如，我国有学者近几年提出彻底埋藏凯恩斯主义，回归哈耶克思想，这个意思是说，凯恩斯主义是错误的，不适合中国，哈耶克的理论是中国需要的，应该把哈耶克（理论）请到中国来。还有人说张五常对经济学的贡献很大，他的理论很有用。有些学者在网上、媒体上、报刊上发表文章对张五常做出非常高的评价，有些人甚至说他是华人经济学者中最伟大的经济学家，世界华人中最有希望获得诺贝尔奖的经济学家。而和张五常观点不一致的人则持相反的观点。第四种态度认为应当结合中国的实际学习和运用西方经济学。这种观点认为，对西方经济学的理论、方法和政策主张应该进行鉴别，再有所取舍。鉴别和取舍的标准就是看它对中国社会主义市场经济建设和经济发展有没有用，在多大程度上有用。以这个作为标杆，作为参照系来研究、分析西方经济学，而不是说哪个流派的理论是对的、哪个流派的理论是错误的，也不是说整体上西方经济学是正确的还是错误的，应该要有分析、有判别。持第四种观点的学者现在越来越多，持前三种观点的人现在似乎成了少数派。

我认为，现在对西方经济学进行介绍、评论或批判还是需要的。西方经济学毕竟不是对中国经济实践的理论概括，也不是根基于中国的历史文化土壤，它的理论和政策主张中不可避免存在与中国国情、中国实际不符的内容，甚至有一些与中国现行的制度和意识形态相悖的内容。但是我们的经济学研究不能仅仅停留在介绍、评论和批判上，更多的是要面对中国经济和世界经济现实，面对中国改革开放的需要，解决我们面临的理论问题和实际问题，为经济学理论的发展和中国经济的发展做出自己应有的贡献。如果我们仅仅停留在对西方经济学的介绍和批判上，仅仅简单地否定和排斥西方经济学，这样做似乎捍卫了我们的立场，但是很难说真正推动了中国经济学的发展。

二、对西方经济学的再认识

要回答“如何正确对待西方经济学”的问题，首先要解决“如何正确认识西方经济学”的问题。这是中国改革开放以来一直面临的、争论不休的理论问题，是一个老问题。今天，在建设中国社会主义市场经济体制的过程中，在习近平总书记强调学好用好马克思主义政治经济学、建设中国特色社会主义政治经济学的过程中，我们有必要对西方经济学进行再认识。

西方经济学有广义和狭义之分，也就是大概念和小概念之分。广义的西方经济学是一个大家族，既包括西方经济学的各个分支和各个流派，其中基础和核心的部分是微观经济学和宏观经济学，又包括货币金融学、国际经济学、公共经济学、行为经济学、产业经济学、发展经济学、劳动经济学、环境经济学等学科分支，还包括新古典经济学、凯恩斯主义、新凯恩斯主义、货币主义等经济学流派。狭义的西方经济学主要是指微观经济学、宏观经济学和经济学主流学派。从广义的西方经济学来看，其中有一部分是研究生产关系的或者制度的，例如新制度经济学、公共选择理论、新政治经济学、法和经济学、激进政治经济学。我们不能一概说西方经济学不研究生产关系。

狭义的西方经济学，特别是它的微观经济学和宏观经济学原理，我认为实际上是一门市场经济学，更确切地说，是一门资本主义市场经济学。从以威廉·配第和亚当·斯密为代表的古典经济学开始，一代一代的西方经济学家对资本主义市场经济的实践进行了理论概括和经验总结，对资本主义市场经济运行和资本主义市场经济发展过程中出现的重要经济现象进行了理论分析和理论阐释，使经济学理论体系不断丰富和完善。由于资本主义市场经济发展过程中不断跨越新阶段，不断出现新的经济问题和新的经济现象，从而刺激了新理论和新方法的新陈代谢，推动了经济学流派的此起彼落。

研究了微观经济学、宏观经济学和经济学主流学派之后我们就会发现，它们阐释的主要是市场机制运行的机理，揭示的是资本主义市场经济中的经济变量之间的逻辑关系和数量关系。

中国经济学界过去主流的看法是，西方经济学是一种庸俗经济学，因为马克思把19世纪30年代以后的西方资产阶级经济学界定为庸俗经济学。马克思认为，大卫·李嘉图以后的资产阶级政治经济学是为资本主义制度辩护的，它把资本主义制度说成是最美好的制度，是永恒的或人类终极的制度，它不研究资本主义生产关系，只在经济现象的表面联系中兜圈子。我国学术界在改革开放以后还是沿用马克思当年对19世纪30年代以后的西方经济学的评价，认为20世纪甚至21世纪的西方经济学都是庸俗经济学。

认真研究了西方资本主义市场经济的发展和西方经济学的发展进程之后我们不难发现，19世纪30—90年代，这个阶段的西方经济学，特别是它的主流经济学，确实是主要为资本主义制度辩护的，其主要内容是庸俗的。我们只要看看萨伊的“三位一体”理论，马尔萨斯到维塞尔、庞巴维克的价值理论就知道。庞巴维克宣称他的理论已经摧毁了马克思的理论体系，把马克思的理论逻辑埋葬了。这就不是纯学术研究的问题了，这实际上是两种经济学的政治斗争。那个时期的西方经济学确实是以辩护为主的，甚至是诡辩，例如西尼尔把资本家的剩余价值或利润说成工人劳动过程的“最后一小时”生产的。它为什么要辩护？因为当时的资本主义制度虽然已经确立了，但是其基础还不牢固，还有被颠覆和被推翻的危险，因此需要巩固。我把这个时期叫作资本主义制度的巩固时期。因此，作为资本家阶级的利益代表，当时的资产阶级经济学家要承担从理论上论证资本主义制度的合理性和优越性的任务，他们害怕揭示资本主义生产关系的内部矛盾和被另一种生产关系替代的可能性，因而回避对资本主义生产关系本身进行研究，并竭力为这种生产关系进行辩护。

我们注意到，自 19 世纪 90 年代以来，西方主流经济学的发展是把研究对象逐渐转移到资源配置和资源利用上去了，它们撇开对资本主义生产关系本身的探讨而只研究生产一般。这就使得西方经济学与马克思主义政治经济学的冲突和争论越来越少。这个阶段的西方经济学和马克思主义政治经济学的争论虽然还时有发生，但是和 19 世纪 30—90 年代相比，争论大为减少，它们对资本主义制度的合理性和优越性的说法也不那么直截了当、不那么露了。为什么会有这种变化？这是因为这个时期的资本主义制度已经逐渐巩固，不存在从内部被推翻、被颠覆的危险，当时的资本主义面临的主要问题是发展经济的问题，也就是怎样提高资源的配置效率，更合理更有效地利用资源的问题，所以这个时期的西方经济学的主流是研究资源配置问题。虽然到 20 世纪发生了俄国十月革命，也发生了以中国为代表的一些国家的民族解放和民族独立运动，但是这些革命是在资本主义国家外部发生的，是在资本主义国家的殖民地和半殖民地发生的，并不是在资本主义国家内部出现的，所以这些革命运动并没有改变西方经济学发展的主流趋势。

大体上说，自约翰·穆勒（John S. Mill）以后，西方经济学发展的主流就逐渐离开对经济活动的生产关系的探讨，把研究重点放在资源配置和经济运行上，主要研究资本主义生产关系下的生产一般。现代（狭义）西方经济学的研究对象是在 19 世纪 90 年代以后逐渐确定下来的。马歇尔（Alfred Marshall）在其《经济学原理》（1890 年初版）一书中把经济学定义为“一门研究人的学问”。这里所说的“人”只是一般经济活动中的“人”，而不是特定生产关系中的“人”。在马歇尔看来，“政治经济学或经济学是一门研究人类一般生活事务的学问；它研究个人和社会活动中与获取和使用物质福利必需品最密切有关的那一部分”[①]。当罗宾斯（Lionel Robbins）把经济学定义为“一门研究作为目的和有各种选择用途的稀缺手段之间关系的人类行为的科学”[②] 以后，经济学是“研究稀缺资源在各种可供选择的用途中进行配置的科学”就成了西方主流经济学家普遍接受的定义。萨缪尔森认为：“经济学研究的是一个社会如何利用稀缺的资源生产有价值的商品，并将它们在不同的个体之间进行分配。”[③] 斯蒂格利茨（Joseph E. Stiglitz）在他的《经济学》教科书中把经济学所要研究的基本问题归结为：（1）生产什么，生产多少？（2）如何生产？（3）为谁生产？（4）谁做出经济决策，依据什么程序？[④] 曼昆（N. Gregory Mankiw）给经济学下的定义是：“经济学研究社会如何管理自己的稀缺资源 。”[⑤]

所以，我认为，20 世纪以来的西方主流经济学主要是在（资本主义）制度不变的假设前提下研究资源配置问题，研究市场机制运行的一般原理。这个研究对象和马克思主义政治经济学有很大的差别。也许有人说，马克思主义政治经济学也研究资源配置，也研究市场机制运行。这个说法没错，马克思主义政治经济学当然研究资源配置和市场机制运行，但是这不是马克思主义政治经济学研究的重点，不是马克思主义政治经济学研究的主题。我们应该承认这一点。如果马克思主义政治经济学主要也是研究资源配置和市场运行的原理，而不是研究资本主义制度（生产关系）及其

---

① 马歇尔．经济学原理．北京：商务印书馆，1983：1.

② 皮尔斯．现代经济学辞典．纽约：麦克米伦出版公司，1981：380.

③ 萨缪尔森，诺德豪斯．经济学．19 版．北京：商务印书馆，2014：5.

④ 斯蒂格利茨．经济学．2 版．北京：中国人民大学出版社，2001：11.

⑤ 曼昆．经济学原理．北京：北京大学出版社，2009：3.

产生、发展和消亡的规律，那和西方经济学还有什么区别呢？

如果我们认同现代西方主流经济学，即狭义的现代西方经济学，主要研究市场经济的一般性问题或者基本问题的话，那么这些一般性的问题或基本的问题，在资本主义市场经济中存在，在社会主义市场经济中也同样存在。市场经济，无论哪个制度下的市场经济，肯定有它的共性、一般性的问题，否则它就不叫市场经济。我觉得我们应该从这个视角来看待西方经济学。

需要强调的是，我认为（狭义的）西方经济学主要是研究市场经济一般，但我并不认为西方经济学是一种没有国界、没有制度差异的普遍适用的市场经济学。西方经济学产生于西方资本主义国家，是根据西方发达的市场经济国家的制度背景、历史、文化和经济条件得出来的，它有其特殊性，它不是纯粹的市场经济的一般原理。我认为，西方经济学是经济学的一般原理、意识形态和研究方法的综合体，是三位一体的。我们不能把西方经济学看作是像数学、天文学那样的纯科学。西方经济学家在他们的理论表述中，在他们的观点和政策主张中，不同程度地带有他们所在的那个社会、那个时代的意识形态色彩，含有某种利益倾向，只是有些内容的意识形态色彩浓一些，有些内容的意识形态色彩淡一些，有些理论的利益倾向比较明显，有些则比较隐晦，当然也有不少内容是没有意识形态色彩和利益倾向的。我们不能说西方经济学的所有内容都带有意识形态色彩。

西方经济学体系是一个三位一体的综合体，但是这三部分内容不是平分秋色的，其主要内容和主要成分还是市场经济学原理和研究方法。

所以，我们在对西方经济学性质的认识上要防止两种偏向：一种偏向是只强调西方经济学的意识形态色彩，只把它看作是为资本主义制度辩护的经济学；另一种偏向是把西方经济学仅仅看作是一种一般原理和方法，是一种普世真理，而不承认西方经济学含有意识形态成分。抱有前一种偏向的人自然就完全排斥西方经济学，全盘否定西方经济学；抱有后一种倾向的人必然就会直接搬用西方经济学，就会膜拜西方经济学。

一些西方学者也不否认西方经济学含有意识形态色彩。美国经济学家劳埃德·雷诺兹（Lloyd G. Reynolds）在他的《经济学的三个世界》（1971）一书中开宗明义地指出："现代经济学主要是在西欧和美国培育出来的，尽管它渴望具有普遍性，它却带有这些地区所特有的制度和问题的印记。"① 美国经济学教授小罗伯特·埃克伦德（Robert B. Ekelund，Jr.）和罗伯特·赫伯特（Robert F. Hebert）在谈到经济学的性质时说："经济学不同于自然科学，它是一门社会科学，因为它研究人的行为，而不是研究自然界超脱的运行。"② 另一位美国经济学家阿尔弗雷德·艾克纳（Alfred S. Eichner）在谈到新古典主义经济学的本质时明确地说："新古典主义既是世界观，也是相应的方法论。"③ 我们知道，正是新古典主义奠定了西方主流经济学的基调。

我们不能否认西方经济学含有意识形态色彩，但是我们又不能仅仅把它看作是一种意识形态；含有意识形态不等于它的全部内容都是意识形态。

我国学术界长期流行着一种观点：西方主流经济学是庸俗经济学，因为它不研究生产关系，只研究生产一般。

在我看来，研究生产关系是重要的，生产关系的性质决定了一个社会经济制度和政治制度的性质，生产关系的先进性决定着经济和社会发展的速度、效率、水平和公平性，所以，生产关系应当是经济学研究的一个重要内容。但是，经济学是一个大家庭，由多个成员分支构成，这些成员分支应当是有分工的，不应要求所有的经济学分支都研究生产关系，不应认

① 雷诺兹．经济学的三个世界．北京：商务印书馆，1990：1．
② 埃克伦德，赫伯特．经济理论和方法史．北京：中国人民大学出版社，2001：1．
③ 艾克纳．经济学为什么还不是一门科学．北京：北京大学出版社，1990：64．

为凡是不研究生产关系的经济学分支都是庸俗经济学。

我们也不能说狭义的西方经济学一概不研究制度或生产关系，一概回避对资本主义制度本身进行研究。凯恩斯在他的代表作《就业、利息和货币通论》中就说道："我们生活于其中的经济社会的显著弊端是：第一，它不能提供充分就业；第二，它以无原则的和不公正的方式来对财富和收入加以分配。"[①]"而失业问题，除了短暂的局势动荡时期以外，按照我的意见，还是不可避免地和现代资本主义的个人主义联系在一起的。"[②]凯恩斯的这两段话就涉及对资本主义生产关系的分析，他明确指出资本主义制度下的收入和财富分配是不合理、不公正的，是无原则的，并且他认为这些弊端是不可避免地和现代资本主义的个人主义联系在一起的。当然，凯恩斯这样一些西方经济学家分析资本主义制度的缺陷是为了维护和拯救这种制度，而不是为了寻找替代这种制度的理论依据，这和马克思对资本主义制度分析的目的不同。

总之，从发展的视角来看，站在新时代的高度，我们应该重新审视西方经济学，对西方经济学的性质和主要成分应该再认识。不解决这个再认识的问题，我们在建设有中国特色社会主义政治经济学的过程中就很难正确地、实事求是地对待西方经济学，更谈不上如何正确地借鉴西方经济学了。

三、关于中国特色社会主义政治经济学与西方经济学的关系

首先，如何构建中国特色社会主义政治经济学？

---

① 凯恩斯．就业、利息和货币通论．北京：商务印书馆，1999：387.

② 同①387.

习近平总书记在2015年12月中央经济工作会议上首次提出“要坚持中国特色社会主义政治经济学的重大原则”这一重要观点以后，我国经济学界应声而动，很快出版了好几本有关中国特色社会主义政治经济学的教科书和著作。这些教科书和著作的内容大体上是把有关的中共中央决定（决议）、中共中央文件、党和国家领导人的一些讲话按照编著者理解的逻辑结构编在一起，再做一些学理性的阐释。这些成果对于理解党的十八大以来的重大改革举措、重大方针政策是有用的，是有价值的，但它们可能还不能称作中国特色社会主义政治经济学。中国特色社会主义政治经济学是马克思主义政治经济学在中国社会主义现阶段的发展，是经济学这个大家庭中的新成员，它还在创建过程中，还在成长和形成过程中。

习近平同志给出了如何建设和完善中国特色社会主义政治经济学的思路或实施路径。他在2016年7月8日主持召开的经济形势专家座谈会上提出：“坚持和发展中国特色社会主义政治经济学，要以马克思主义政治经济学为指导，总结和提炼中国改革开放和社会主义现代化建设的伟大实践经验，同时借鉴西方经济学的有益成分。”① 根据这个思路，建设和完善中国特色社会主义政治经济学必须以马克思主义政治经济学为指导，用好、融通好马克思主义政治经济学这个宝贵资源；必须把中国改革开放和社会主义现代化建设的伟大实践经验上升到理论，进行理论化提炼；同时必须融通好中华优秀传统文化的资源和国外哲学社会科学的积极成果，借鉴西方经济学的有益成分。中国特色社会主义政治经济学应当是马克思主义政治经济学融通了中外现代哲学社会科学的积极成果在当代中国的发展，是马克思主义政治经济学的中国化、现代化和大众化，是适应中国社会主义市场经济发展需要的具有中国特色的社会主义市场经济学。

---

① 习近平主持召开经济形势专家座谈会. 人民日报，2016-07-09.

中国特色社会主义政治经济学作为经济学的一个新的分支，应当有它自己的相对独立、相对固定的研究对象、研究方法、逻辑主线和体系结构，有它自己的硬核（核心概念）和保护带，特别是它要能够解释中国改革开放的伟大实践，能够解释中国社会主义经济建设成就和发展道路，能够揭示中国社会主义经济发展规律和发展趋势。我们目前离这个目标尚有一段距离，我们经济学界担负的责任是重大的，任务是艰巨的。

其次，如何定位中国特色社会主义政治经济学？

我认为，在现阶段，中国特色社会主义政治经济学就是中国社会主义市场经济学。既然我国经济体制改革的目标是建立社会主义市场经济体制，我们要搞的是社会主义市场经济，中国特色社会主义政治经济学就应该能够为中国社会主义市场经济提供理论基础、理论依据，能够解释中国社会主义市场经济的运行和发展，能够解释中国社会主义市场经济的特点和发展规律。如果这样定位是可行的，就可以找到中国特色社会主义政治经济学和西方经济学的关系，就可以说清楚在创建中国特色社会主义政治经济学的过程中如何正确对待和借鉴西方经济学的问题。

我在前面说过，西方经济学主要是研究资本主义制度下的市场经济的，它是在资本主义市场经济的形成和发展过程中产生的，是对西方市场经济的理论概括和经验总结。我们中国特色社会主义政治经济学要研究的是社会主义市场经济，虽然这两种市场经济的制度背景是不同的，但是它们都是市场经济。市场经济是这两种社会制度下共性的东西。

从内容来看，中国特色社会主义政治经济学应该包括制度分析和市场机制分析。中国特色社会主义政治经济学要有制度分析，但是不能仅仅限于制度分析，还要有市场机制分析。如果说中国特色社会主义政治经济学是一种制度分析加上市场机制分析的经济学，那么我们就找到了借用西方经济学的途径。政治经济学的传统是偏重生产关系和制度分析，特别是对资本主义生产关系的分析；现代西方经济学偏重市场机制分析，偏重资本主义市场经济中的市场机制分析。我认为，中国特色社会主义政治经济学既要继承政治经济学对生产关系分析的一些有用的理论和方法，同时也要借用西方经济学关于市场机制分析的一些理论和方法，再结合中国的实践和实际进行创新，这才是创建和发展中国特色社会主义政治经济学的可行途径。

进一步来看，西方经济学和政治经济学虽然也都分析了市场机制，但是二者的关注点是不一样的。西方经济学重点分析市场机制的有效性，分析市场机制为什么有效以及有效的条件是什么。西方经济学中的价格理论和一般均衡理论主要是说明市场机制是如何配置资源的，市场机制如何有效，以及在什么条件下达到帕累托最优。传统的政治经济学重点分析市场机制缺陷和市场机制失灵。例如，传统的政治经济学强调资本主义市场经济（商品经济）运行的自发性、生产的盲目性和无政府状态，把失业和经济危机看作是资本主义市场经济的痼疾和必然伴侣，看作是资本主义生产力与生产关系不相适应的表现形式。中国特色社会主义政治经济学既要分析市场的有效性，也要分析市场机制的缺陷，也就是说，在中国特色社会主义市场经济下，市场机制既有有效的一面，也有其缺陷的一面。我们对市场机制也应该持二分法：市场机制确实有有效的一面，如果否认这一点就很难解释为什么我们也要搞市场经济。如果市场经济活动都是无政府的、自发的、盲目的，有那么多的弊端和缺陷，为什么我们还要搞市场经济呢？但是，市场机制有缺陷，会失灵，它不是万能的，西方主流经济学家也承认这一点。但是西方经济学没有把这些市场机制缺陷和制度联系在一起进行分析。我们中国特色社会主义政治经济学要分析市场机制的缺陷，更多地要从制度层面来分析，揭示出市场机制缺陷和失灵的制度原因，这样有助于我们不断地改革我们的制度、完善我们的制度。西方经济学回避从制度层面对市场机制缺陷进行分析，它认为资本主义制度是完善的、是永恒的。

最后，中国特色社会主义政治经济学的逻辑起点是什么？

构建中国特色社会主义政治经济学的理论体系，选择什么样的逻辑起点呢？有人认为还是选择商品，像马克思当年创建资本主义政治经济学一样。我认为不应该再选择商品。马克思当年之所以把商品作为逻辑分析的起点，是因为马克思认为商品是资本主义经济的细胞，商品里面存在资本主义制度的基因。马克思从分析商品开始，从分析商品的二重性展开，然后发现劳动的二重性……最终揭示资本主义制度的矛盾和历史暂时性。我认为，社会主义政治经济学应该把人的需要作为逻辑起点。从这个逻辑起点来构建社会主义政治经济学的体系框架。总的思路是：从人的需要出发分析社会主义市场经济或者社会主义经济的目的和目标，这个目的就是通过经济发展满足人民日益增长的美好生活需要，实现这个目的的途径是解决人民日益增长的美好生活需要和不平衡不充分的发展之间的矛盾，达到共同富裕的目标。人民对美好生活的需要是不断增长、不断升级的。怎样才能满足人民不断增长、不断升级的需要呢？需要从两方面着手：一是不断改革和优化我们的制度，包括经济制度和政治制度；二是不断发展生产，不断丰富产品和服务供给。也就是政治经济学所说的生产关系和生产力两个方面。人民对美好生活的需要既包括物质生活和文化生活需要，也包括政治生活和精神生活需要，还有对美好的社会环境和生活环境的需要，例如自由、民主、和谐、发展和个人社会价值实现的需要。只有通过不断发展生产力才能不断满足人民日益增长的物质和文化生活的需要，只有不断改革和优化生产关系，才能不断满足人民日益增长的政治和精神生活的需要，才能不断优化我们置身其中的社会环境和生活环境。其中，制度（或生产关系）的改革和优化是关键，制度或生产关系应当随着生产力的发展不断得到调整、改革和优化。不断调整、改革和优化的制度才能增进资源的配置效率和资源的利用度，才能生产出更多更好的产品和服务，因而才能满足人民日益增长的物质和文化生活的需要；通过制度的不断调整、改革和优化，才能使制度和生产力发展在动态上相适应，才能满足人民日益增长的对美好生活的需要。随着日益增长的物质和文化生活的需要得到满足，人民对政治和精神生活的需要会日益增长，日益升级，从而推动着制度改革和制度发展。沿着这个思路去分析，去展开，我们就可以构建出社会主义政治经济学的体系大厦。

四、处理好政治经济学研究与西方经济学研究的关系

中国理论经济学学科主要包括政治经济学和西方经济学两大专业。这两大专业的研究者自改革开放以来似乎形成了某种程度上对立的两大阵营，从事政治经济学教学和研究的人常常批评从事西方经济学教学和研究的人“搞自由化”“不批西方经济学”“不坚持马克思主义”；从事西方经济学教学和研究的人则说从事政治经济学教学和研究的人“思想保守、僵化”“教条主义”“本本主义”。这种对立的局面应当改变。

首先，在中国，研究政治经济学和研究西方经济学的目标（目的）是一致的，这两大专业不应该对立，也没有必要对立。研究政治经济学也好，研究西方经济学也好，我们的目的都是要繁荣和发展中国的理论经济学，都是要为中国的改革开放，为中国的经济建设和经济发展服务，这个目标应该是一致的。我本人大学本科是政治经济学专业的（1977 年恢复高考后的一段时间大学的经济学专业似乎都是政治经济学专业），硕士研究生和博士研究生攻读了西方经济学专业，此后一直从事西方经济学的教学和研究工作。从我个人来说，我研究西方经济学的目的不是要宣扬西方经济学如何好，也不是要用西方经济学取代政治经济学，而是通过对西方经

济学的研究，从中找到一些有用的理论和方法，结合中国的实际加以运用，为中国的改革开放和经济建设服务。

其次，研究政治经济学与研究西方经济学的人应该多交流、多合作，应当同心协力推进中国理论经济学的发展。不同的观点可以讨论、争论、商榷，甚至可以相互批判，通过学术讨论和争论来提高理论水平，发现真理。研究西方经济学的学者要关注和研究政治经济学，研究政治经济学的学者要关注和研究西方经济学，不应简单地老死不相往来，各站一边相互指责、相互排斥。应当相互学习，相互融通，取长补短，这样才能开阔视野，解放思想，才能够推进我们理论经济学的建设和发展。

最后，我们应当认识到，过去一段时间在中国学界政治经济学被边缘化不是由于引进西方经济学造成的，更不是由于中国有一部分学者在讲授和研究西方经济学的结果。有人认为政治经济学被边缘化是因为在普通高等学校的教学安排上西方经济学的课时太多，他们主张要减少西方经济学的教学课时，增加政治经济学的教学课时。我认为这不是解决问题的好办法。我们要认真思考的问题是：为什么西方经济学在中国学界这么流行？为什么年轻的学子喜欢西方经济学这门课？政治经济学被边缘化的真实原因是什么？我认为，主张废除政治经济学的理由是不能成立的，政治经济学和西方经济学是两种不同的经济学，二者的研究对象和研究目的不同，不能用西方经济学来替代政治经济学。但是，我们的政治经济学要发展，要创新，要与时俱进。马克思主义政治经济学毕竟是150多年前创建的，虽然其中许多基本原理和方法在今天仍然是正确的，但是150多年来，我们这个世界毕竟发生了许许多多的变化，其中一些变化是马克思当年也不曾预见到的。马克思主义政治经济学的基本方法论是历史唯物主义和唯物辩证法。可以说，没有历史唯物主义和唯物辩证法就没有马克思主义政治经济学。马克思主义政治经济学应当随着时代的发展而发展，随着新的经济问题的出现而不断创新其理论。任何一种理论，即便最初是先进的、科学的理论，如果长期得不到发展，没有创新的成果添加进来，它就会慢慢落后而不能适应时代和实际的需要。当然，理论的发展和创新需要一个过程，不可能短促突击，一蹴而就，但是我们要努力不懈地去发展，去创新，而不只是简单地坚持。现在是我们政治经济学发展和创新的最好时期，我们要建立和发展社会主义市场经济，而社会主义市场经济实践是史无前例的，社会主义市场经济理论在经济学中还是空白。经济学中有了阐释资本主义市场经济的理论，这就是西方经济学；有了阐释计划经济的理论，例如科尔奈的短缺经济学；但是迄今为止还没有系统的社会主义市场经济学。马克思主义政治经济学本质上是阐释资本主义经济的政治经济学，我们还没有成体系的阐释社会主义经济的政治经济学。习近平总书记强调要学好用好政治经济学，要发展中国特色社会主义政治经济学，这给我们政治经济学的创新和发展提供了最好的机遇。中国的经济学人，包括政治经济学研究者、西方经济学研究者和其他经济学专业的研究者，应该抓住这个大好机遇，好好研究已有的经济学理论成果，科学分析和总结中国改革开放和经济发展的伟大实践，结合中国实际和世界经济实际，推动中国特色社会主义政治经济学的发展和创新。中国特色社会主义政治经济学将是马克思主义政治经济学在中国的现代发展，将是人类经济学理论宝库中的新成果。

中国特色社会主义政治经济学历史论纲

王立胜

一、中国特色社会主义政治经济学史研究的重要性

关于政治经济学，我过去读书的时候作为专业课学过，通读过《资本论》，读哲学硕士时也思考过《资本论》的哲学问题，但是谈不上研究，更没有进行过系统的研究。到中国社会科学院经济研究所之后，因为我的工作是牵头搞当代中国马克思主义政治经济学创新智库，才开始认真、系统地思考政治经济学问题。我是 2016 年元月到中国社会科学院的，做的第一件事情就是筹备当代中国马克思主义政治经济学创新智库，2016 年 8 月 20 日这个智库挂牌成立，还合并召开了中国特色社会主义政治经济学论坛第 18 届年会，接着又成立了《资本论》研究室。2017 年又成立了中国社

会科学院全国中国特色社会主义政治经济学研究中心。这一切都是响应习近平总书记关于中国特色社会主义政治经济学问题的一系列指示而做的工作。

这个题目是张宇院长定的，我觉得确定这样一个题目很有意义。中国特色社会主义政治经济学无疑是一个理论体系，但这个理论体系不是先验的理论建构，它一定有一个发生发展的历史，一定表现为一个历史发展过程。2016年国家社科规划办重大招标项目，给我批准了一个课题“中国特色社会主义政治经济学探索”。我们团队准备形成两个成果：一个是“中国特色社会主义政治经济学理论体系”，一个是“中国特色社会主义政治经济学学说史”。一个是论，一个是史，史论结合，论从史出。离开了史的研究，论就失去了根基，离开了论的研究，史就失去了灵魂。中国特色社会主义政治经济学的研究，必须史论结合，历史维度和理论维度相结合，这个结合的基础必定是当代中国的社会实践。实际上今天的这个题目就是讲中国特色社会主义政治经济学的学说史。中国特色社会主义政治经济学发展史研究还很薄弱，当然了，这个概念才刚刚提出，这是很重要的原因。但是，中国的经济学乃至政治经济学研究缺少历史维度的关切是有深层原因。虽然到目前为止，没有一部中国特色社会主义政治经济学史的著作，但是也有一些相关著作，比如我们社科院经济研究所的老所长张卓元教授著有一部《新中国经济学史纲（1949—2011）》，这部著作是这方面分量比较重的一个成果。张卓元先生的研究具有鲜明的实践感和针对性，这是因为他在写作中将自己置于历史过程之中，以他的亲身经历确证历史的过程，因为他本身就是当代中国经济学发展的见证者，是很多经济学发展的重大事件的参与者。另外还有一些文章和著作，但总体上看，成果不多。恩格斯讲过，政治经济学是一门历史的科学。历史是理论体系的根据和来源，理论研究要以历史研究为基础。所以我们在申报重大课题的时候，是把中国特色社会主义政治经济学学说史的研究作为一项非常重要的基础性的工作来对待的。

建构中国特色社会主义政治经济学理论体系任重道远，从目前的情况看，有很多需要解决的前提性和基础性问题，而这些问题的解决必须首先求助于历史过程，从历史研究中寻求答案。

第一，从历史研究中抽象出中国特色社会主义政治经济学理论体系建构的基本原则。习近平总书记 2016 年 5 月 17 日在哲学社会科学工作座谈会上明确提出了建构中国特色哲学社会科学的任务，要求建设中国特色、中国风格、中国气派的哲学社会科学，这个要求落实到经济科学的建设上就是建构中国特色、中国风格、中国气派的经济科学，而中国特色社会主义政治经济学是构建中国特色、中国风格、中国气派经济科学的指导思想和理论基础。所以，我们首要的任务是要建构中国特色社会主义政治经济学理论体系。具体来说，就是要建构中国特色社会主义政治经济学的学术体系、学科体系和话语体系。从目前来看，建构这样一个学术体系和学科体系的难度是很大的，如果要写教材的话，难度会更大。我们认为，只有在学术体系的基础上形成一个理论体系，在这个理论体系的基础上才能建构一个大家都公认的学科体系，这个学科体系的载体就是教材。学术体系追求的目标是对问题的学术研究，其表现形式往往是一部一部的专著，把对问题进行学术研究形成的学术成果系统化、理论化，形成逻辑自洽的理论表达，就形成了理论体系。在理论体系的基础上调整叙述结构，以便于某种接受对象接受，就形成了各种各样的教材。很明显，这是一个艰难的过程，所以，在短时间内建构一个中国特色社会主义政治经济学理论体系是不现实的。但是我们又不能坐等这个目标的实现，而是要积极作为。积极的态度应该是在马克思主义政治经济学基本原理的指导下，借鉴国外的一些优秀成果，吸收中国优秀传统文化成果，通过对中国经济发展历史事实的研究以及中国经济学说发展史的研究，抽象出一些应该遵循的基本原则，这些原则对建构中国特色社会主义政治经济学起到了一个四梁八柱的作用。

第二，将各种经济学派置于历史环境中对其哲学前提进行批判性反思，建构中国特色社会主义政治经济学的哲学基础。我认为中国特色社会主义政治经济学理论体系的建构，之所以出现那么多认识上的分歧，是因为连一些基本问题都在争论，难以达成共识，比如研究对象的问题、主线的问题、逻辑起点的问题，等等。在这种情况下，试图在短期之内搞出一个大家相对公认的理论体系来是非常难的。但是我们又不能坐等着，这个状况可以概括成一句话：等不得，但也急不得。等不得就是实践需要必须马上做，急不得就是要好好下功夫研究，遵循学术研究规律。目前可喜的现象是全国研究中国特色社会主义政治经济学的力量已经动员起来了，特别是有很多年轻人对中国特色社会主义政治经济学的研究表现出浓厚的兴趣。大家积极来参加这个培训班就是一个现实表现。我认为，之所以在一些基础性的问题上争论不休和难以达成共识，一个重要的原因就是在理论体系的哲学基础上有着重要分歧。任何一个理论体系都有支撑它成为理论体系的哲学基础和方法论前提。中国特色社会主义政治经济学理论体系的建构也必定有其哲学基础和方法论前提。我们的首要任务就是要确定这个哲学基础和方法论前提。怎么确定这个基础和前提呢？那就要对现有的经济学理论主要流派的哲学基础和方法论前提进行哲学层面的梳理。马克思当年用的就是这个思路，他把这个工作叫政治经济学批判，《资本论》的副标题就是《政治经济学批判》。正是在政治经济学批判的基础上确立了马克思主义经济学的哲学基础和方法论，唯物史观就是在政治经济学批判的过程中确立的。唯物史观成为马克思政治经济学理论体系建构的哲学基础和方法论前提。中国特色社会主义政治经济学理论体系的建构也应该首先做这个方面的工作。从一般意义上讲，中国特色社会主义政治经济学理论体系的哲学基础和方法论前提也应该是马克思主义唯物史观，但是这个唯物史观应该是中国化的马克思主义唯物史观，是马克思主义唯物史观的中国版，这就需要我们在马克思主义唯物史观中国化的新的历史形态上做出积极努力。我认为清华大学的孟捷教授在这方面就做了很多富有成效的探索。

第三，我们建构的中国特色社会主义政治经济学是“中国特色社会主义”的政治经济学，其重心应该是中国特色社会主义，它不是一般意义上的社会主义政治经济学，而是“中国特色社会主义”的政治经济学这样一个特殊理论。其历史根基是中国特色社会主义历史实践，是对中国特色社会主义经济建设历史规律的理论提升和历史经验的理论总结，是中国特色社会主义经济建设经验的系统化学说。所以，中国特色社会主义政治经济学理论体系的建构离不开对中国现代经济史尤其是中国当代经济史的研究。

第四，中国特色社会主义政治经济学虽然是当代中国的马克思主义政治经济学，奠基于现代中国尤其是改革开放以来的经济实践，但是归根结底来说，它承载着中国文化的文明基因，是中国文化的历史积淀在当代思想理论体系中的表现，是具有中国特色、中国风格、中国气派的政治经济学学科体系。在“5·17 讲话”中，习近平提出了建构中国特色哲学社会科学的总体任务，认为中国特色哲学社会科学的建构要体现继承性、民族性、原创性、时代性、系统性、专业性。这是中国特色哲学社会科学应该具有的特点。中国特色哲学社会科学的建构可以充分利用三个方面的资源：一是马克思主义的资源，这是中国特色哲学社会科学的主体内容，也是中国特色哲学社会科学发展的最大增量。二是中华优秀传统文化的资源，这是中国特色哲学社会科学发展十分宝贵、不可多得的资源。三是国外哲学社会科学的资源，这可以成为中国特色哲学社会科学的有益滋养。习近平明确指出了构建中国特色哲学社会科学要重视中华优秀传统文化资源的问题。中国特色社会主义政治经济学理论体系的建构，其主体内容无疑是马克思主义政治经济学，国外经济学的积极成分也会成为其有益的滋养，同时也不能忽视中华优秀文化基因的作用。中国特色社会主义政治经济学的文明基因研究应该成为建构中国特色社会主义政治经济学理论体系的一个重要课题。在中国特色社会主义政治经济学研究过程中，我们遇到的很多有关中国的重大问题，在传统的经济学理论范围内解决不了的问题，如果放到中国传统文化的范围内思考，或者引进中国文明这样一个视角去看问题的话，可能就迎刃而解了。比如中国特色社会主义政治经济学的一个基本问题，也就是社会主义和市场经济的关系问题，这个问题不解决，中国特色社会主义政治经济学理论体系就没法建构。我们也可以说"社会主义市场经济"是中国特色社会主义政治经济学理论体系最基本的假设。邓小平把这个假设提出来了，社会主义也可以搞市场经济，从思想层面提出了问题。通过政治动员，发动思想解放运动，也形成了基本共识，并成为中国人民的一致行动，但是还没有得到理论层面的逻辑论证。当然了，也有很多学者试图从理论层面说明这个问题，但是没有在理论的框架内达成一致意见。传统政治经济学和西方主流经济学都认为社会主义和市场经济是不能结合的，认为要么就是社会主义，要么就是市场经济。可是中国的实践证明，这个结合取得了成功，中国在社会主义市场经济这个崭新理论的指导下，成为世界第二大经济体，在铁的事实面前，任何人都无法再说中国没有成功。中国特色社会主义"特"就"特"在社会主义和市场经济二者结合的成功上。事实已经证明了这个命题的真理性。可是这个命题真理性的逻辑证明似乎还是个世界性的经济学难题。中国特色社会主义政治经济学理论体系的建构，就是要从理论逻辑上解决这个难题。解决这个难题的办法，就是要在思维方式上超越传统政治经济学与西方主流经济学的研究范式，将问题置于中国文化的视野中进行思考。中华文明的思维方式可以从思维的整体性上化解这个矛盾。中华文明的思维方式和西方文明的思维方式是不一样的。西方文明的思维方式有一个非常重要的特点，就是非此即彼，中华文明的思维方式是亦此亦彼的，就是承认一个事物既是这样又是那样。所以很多事情放在中华文明的范围之内去思考，就会得出与西方文明思维方式不同的结论。社会主义和市场经济确实是两种不同的东西，但是在中华文明的思维方式中，这两种不同的事物完全可以找到结合的环节，也就是习近平反复说的“最大公约数”，形成一种当代中国的社会主义文化。这种文化因为市场经济使中国的社会主义富有活力，这种文化因为社会主义使市场经济有了正确的方向。中国特色社会主义把社会主义和市场经济两种优势结合在一起，在中国这块大地上使社会主义焕发出蓬勃的生机活力。

第五，中国特色社会主义政治经济学又是以问题为导向的现实的政治经济学。所以，解决中国特色社会主义现实当中的一系列重大问题也是其重要任务。这个体系的时代性和原创性的根据也在这里。

第六，建构中国特色社会主义政治经济学还必须把这个理论体系的范畴研究作为重要向度，而对一个理论体系范畴的研究离不开对一系列范畴的形成和发展的历史进行梳理。中国特色社会主义政治经济学范畴史的研究也是一项重要任务。举一个很简单的例子：关于政府职能的概念。政府职能的概念的含义是什么？政治经济学应该研究这个问题，行政管理学也在研究这个问题，政治学也在研究这个问题。这个概念在 1982 年提出，到 1986 年得到中央文件确认，以后一直在使用。这个概念是从国外传过来的，首先是行政管理的概念和政府管理的概念。那么，在政治经济学的理论思路中又应该怎么理解它？它的含义是什么？类似经济体制、运行机制、结构性改革等概念，都应该进行历史的梳理。从中华人民共和国成立到目前近 70 年的时间，从改革开放到目前 40 年的时间，有很多重要的概念和范畴都有一个历史演变的过程。这些概念和范畴的内涵和外延都随着实践的发展有了一定变化，哪些概念和范畴应该成为这个理论体系的重要支撑，哪些概念和范畴是这个理论体系的核心概念和范畴，都应该进行系统研究。

二、研究中国特色社会主义政治经济学史必须首先明确中国特色社会主义政治经济学的概念

研究中国特色社会主义政治经济学史，首先必须明确一个问题：如何理解中国特色社会主义政治经济学这个概念？邱海平教授很有创意地进行了概念辨析，认为这个概念可以作两种理解。一是理解为中国特色的社会主义政治经济学；一是理解为中国特色社会主义的政治经济学。很显然，这两种理解差别巨大，这个“的”字放的地方不一样，这个概念的含义就完全不一样了。如果是中国特色的社会主义政治经济学，“中国特色”就成为修饰社会主义政治经济学的一个词汇了，强调的是社会主义政治经济学的普遍性。如果是中国特色社会主义的政治经济学，“中国特色社会主义”作为一个整体词汇出现，强调的是中国的社会主义，那么中国特色社会主义政治经济学就是研究中国特色社会主义这样一个特殊的经济形态的政治经济学，探讨的是中国的经济发展规律，其重心就不是社会主义经济规律一般，而是中国社会主义经济规律特殊，就是对1956年以来尤其是改革开放以来中国经济发展规律的揭示。邱海平教授是主张后者的，我赞同邱教授的意见。对于这样一种研究思路，恐怕有些经济学家是不同意的，因为很多人认为，经济学揭示的是普遍规律，经济理论只有一个；经济规律没有国度，不分国界。按照我们的看法，中国特色社会主义政治经济学

就有了时空的规定性。

在时间维度上，它所揭示的就是中国社会主义初级阶段的经济发展规律，是中国社会主义初级阶段的政治经济学。从 1956 年算起到 2056 年一百年时间，这个时间段是从毛泽东到邓小平一直到现在，党中央和历代领导人都认同的。虽然明确提出社会主义初级阶段的概念是在党的十三大上，但是中国社会主义建设时间段的划分，应该从毛泽东时期就开始了。毛泽东在 20 世纪 50 年代就认为中国社会主义要建设得像个样子，也就是基本实现现代化需要一百年时间，后来邓小平也讲基本实现现代化需要一百年。现在我们提的“两个一百年”的奋斗目标，一个是建党一百年，一个是建国一百年。前一个一百年是全面实现小康社会，达到一个阶段性目标，后面一个一百年是实现现代化。按照毛泽东当时的设想，是用一百年时间基本实现现代化，这是从 1956 年社会主义基本制度建立算起的，社会主义初级阶段的历史起点是 1956 年，但是把建国一百年作为一个时间段的标志很有象征意义，所以很多时候我们是讲中华人民共和国成立以后一百年时间基本实现现代化。其实，一百年并不是绝对的一百年这个数字，而是大体上的时间段的判断。最近我一直在考虑一个问题：我们可以把中华人民共和国成立作为历史起点，把这个大体上的一百年时间，大致划分成三个三十年，当然每个三十年不是绝对的三十年整，而是三十年左右，我们就把它叫作三个三十年。1949—1978 年近三十年算是第一个三十年，1978—2012 年党的十八大三十多年也算是三十年，这是第二个三十年，那么党的十八大之后就开始了第三个三十年。其实这是有道理的，我在《东岳论丛》2015 年第 1 期发表了一篇 3 万多字的文章，题目叫《平等、富裕、公平正义：中国共产党核心执政理念的时代转换》。在这篇文章中，我基本上表达了这种看法，把中华人民共和国成立后的头三十年叫作毛泽东时代，把中间的三十年叫作邓小平时代，把党的十八大以后叫作新时代之开局，也就是习近平时代的开始。其实，三个时代的划分，在2015年以后有些学者也从不同的视角表达了基本相同的看法。新加坡的郑永年先生、清华大学的孙立平先生也都谈过这个问题。最近北京大学的潘维先生讲了四个三十年，他是延伸到了中华人民共和国成立以前，他把1949年以前分了第一个三十年，实际上1949年以后也是三个三十年。社会主义初级阶段大体上是一百年时间，如果说中国特色社会主义政治经济学就是社会主义初级阶段的政治经济学的话，那么中国特色社会主义政治经济学史就与我们上述的三个三十年密切相关了。中国特色社会主义政治经济学的历史起点就应该是1956年，它的历史发展就应该分三个阶段，大体上与三个三十年对应，只是在第一个三十年里有七年时间是社会主义革命时期。毛泽东在新民主主义革命和建设时期的政治经济学和中华人民共和国成立后社会主义革命时期的政治经济学，就应该是中国特色社会主义政治经济学的前史。

在空间维度上，中国特色社会主义政治经济学是中国的经济学，它的空间范围是中国，而不是任何其他国家。从这个角度讲，它具有鲜明的国家主体性。中国特色社会主义就是指发生在中国这个空间范围上的社会主义建设实践的理论、制度和实践，中国特色社会主义政治经济学也一定是对中国这个空间范围的中国经济发展规律的理论总结，而不是对其他任何国家经济发展规律的总结。当然，这绝对不否定中国特色社会主义政治经济学具有国际意义，也绝不否定这个理论具有开放性和世界性。改革开放是中国经济发展的一个重要的实践特征，这个实践本身就具有开放特征，反映这个实践的理论自然就会有开放的特征。中国经济的发展是在经济全球化的时代背景中进行的，在这个意义上，中国的经济发展就成为经济全球化过程中世界经济发展的一个重要组成部分，中国特色社会主义政治经济学就是对经济全球化背景下中国经济发展经验的系统化的理论总结的学说。深刻地理解这个问题需要借助于哲学思维。20 世纪 90 年代，上海和南京的一些哲学家在研究中国经济快速发展的奥秘时，曾经提出过一个很好的思路，就是倡导建立哲学家和经济学家的联盟，要通过这个联盟解决很多靠单一学科无法解决的问题。南京市委党校的陆剑杰教授就是这个联盟的倡导者之一，他有几部对中国发展很有穿透力的著作，对我启发很大，我从中受益良多。这些著作是《实践唯物主义理论体系的历史逻辑分析》《19—21 世纪中国的命运——中国近现代社会运动基本规律研究》《实践问题和矛盾问题新论》《广义经济结构论》。这些论著看起来是一些哲学著作，但主要研究的是中国经济问题。他们创立了一个新的学科——经济哲学。那个时候，我在中共山东省委党校工作，对他们的研究非常感兴趣，所以密切关注他们的研究进展。经济哲学的研究以《资本论》为必读的经典。我过去对《资本论》的阅读也是从哲学的视角进行的。自从到中国社会科学院经济研究所以来，因为研究政治经济学，重读了《资本论》，这就需要阅读近些年来《资本论》的研究成果。我发现了一个意想不到的问题：哲学界对《资本论》的研究成果层出不穷，而经济学界除了一些《资本论》的教材性质的书以外，很少有有分量的成果出现。张一兵教授的《回到马克思》虽然不是专门研究《资本论》的著作，但是从中我们可以领略到其对《资本论》研究方法的深刻见解；上海财经大学的鲁品越教授一直从哲学和经济学的结合上研读《资本论》，《鲜活的资本论——从深层本质到表层现象》是其这方面的代表作。著名马克思主义理论家、复旦大学特聘教授陈学明先生评价说：“无论就理论价值而言，还是从现实意义来看，《鲜活的资本论——从深层本质到表层现象》在许多方面都超越了《21 世纪资本论》。”① 陈学明大胆预言：鲁品越教授的这一著作应能产生

① 鲁品越．鲜活的资本论——从深层本质到表层现象．上海：上海世纪出版集团，上海人民出版社，2015：1.

《21世纪资本论》那样的影响力。建议大家都读一读这些书，相信对我们研究政治经济学会有很大的帮助。经济哲学把“经济权力”作为一个核心概念来研究，我觉得政治经济学应该研究这个概念。如果研究这个概念，那么这个概念在政治经济学的概念体系中处于什么样的地位？经济哲学还研究经济规律的普遍与特殊的关系问题，研究中国特色社会主义政治经济学也避不开这个关系。上面我说了，如果我们把中国特色社会主义政治经济学界定成“中国特色社会主义的政治经济学”，那就是讲的中国的特殊性，但是中国的特殊规律里面又蕴含着所有社会主义国家经济规律的一般性的东西，所以当我们说中国经济规律的特殊性时，并不等于这个特殊性里没有一般性的成分，因为普遍存在于特殊之中，所以我们可以看到中国特色社会主义建设过程当中所蕴含的经济规律的世界意义。习近平总书记反复强调我们要为人类发展贡献中国智慧、中国方案、中国计划，并不是说我们要引领世界发展或者指导世界发展，而是指在经济全球化的形势下中国做的事情本身就具有普遍性，对整个人类特别是对那些发展中国家具有很好的借鉴意义。中国有些经济学家对习近平总书记在2016年5月17日的讲话中提出的中国特色、中国风格、中国气派的哲学社会科学目标颇有微词，认为怎么可能有中国特色、中国风格、中国气派的经济学呢？因为经济规律都是普遍的，没有什么你的经济学和我的经济学，没有什么哪个国家的经济学，全世界只有一个经济理论。他们还举例说，中国著名的经济学家王亚南就明确提出过“中国经济学”的概念，说王亚南后来放弃了“中国经济学”的概念，就是因为他后来认识到没有中国经济学，经济学都是普遍性、世界性的。至于王亚南是不是放弃了“中国经济学”这个概念，为什么放弃这个概念，我们可以去研究考证。但是，我们可以断定说“认为经济理论只有一个的人”是真正不懂得马克思主义哲学、不懂得马克思主义辩证法的人。普遍与特殊的关系是马克思主义哲学原理讲的基础知识，一个国家与世界上国家整体的关系一定是特殊与普遍的关系。普遍存在于特殊之中，特殊体现一般。我们的任务也有一个区分哪些是普遍哪些是特殊的问题，但是绝对不能用普遍替代特殊或者消灭特殊。中央民族大学的刘永佶教授一直在研究政治经济学方法论，写出了很多这方面的著作，有兴趣的话可以找来看看。他的研究成果对我们会有很多启发。

三、中国特色社会主义政治经济学历史的研究要把握好四条线索

第一条线索，马克思主义政治经济学的中国化、时代化、大众化，这是一条主线。中国的经济发展是中国共产党领导的，是各级政府推动的，这是中国独特的政治经济关系在经济发展实践中的表现。中国共产党是以马克思主义为指导思想的政党，政治经济学是马克思主义的重要组成部分，马克思主义政治经济学是中国经济发展的指导思想。正是因为这样，我们党的历届领导集体都非常重视对马克思主义政治经济学的学习和运用。我们党的历届领导人也都为马克思主义政治经济学的中国化、时代化、大众化做出了重大贡献。这方面的研究成果已经有一些了，比如逄锦聚等著的《马克思主义中国化进程中的经济学创新》、孙居涛著的《马克思主义经济理论中国化基本问题》，等等。

第二条线索，理论界、学术界对政治经济学问题的讨论和研究。经济学的生命力在于对中国经济发展事实的关注，经济发展的实践又需要经济学理论的研究和指导。在中国社会主义经济建设过程中，理论和实践以种种形式在互动中相互促进，尽管学术研究成果不可能直接地对经济实践发挥作用，但是通过影响党和政府的决策在间接地发挥着独特的功能。所

以，理论界和学术界的研究是我们研究中国特色社会主义政治经济学历史过程中必须关注的一条线索。比如20世纪50年代斯大林《苏联社会主义经济问题》传到中国后引发的对过渡时期中国基本经济规律的大讨论；1956年开始掀起的关于计划与市场、商品、价值问题的探索和讨论，20世纪60年代初关于社会主义再生产、经济核算和经济效果问题的讨论；1979年价值规律作用问题的大讨论；1984年的“莫干山会议”关于价格问题以及其他经济问题的讨论；1985年“巴山轮”会议关于宏观经济管理问题的讨论；20世纪90年代关于市场经济体系理论的讨论；等等。在这方面也有很多研究成果，我们中国社会科学院经济研究所张卓元先生一直在做这方面的研究，他的《新中国经济学史纲（1949—2011)》值得关注这个问题的同志阅读。

第三条线索，国外经济学说的引进和它们发挥作用的情况。中华人民共和国成立前就有学者引进国外的一些经济学说。但是改革开放前引进的国外经济学说都是被定性为资产阶级经济学说，是作为批判的靶子来使用的。改革开放以后，随着工作中心向经济建设的转移，由于经济建设的需要，尤其是为了满足市场经济知识的供给，有些学说逐渐被介绍到国内，并逐渐影响到决策。比如上面说的1985年“巴山轮”会议，这次会议的标志性成果就是把西方经济学说中的宏观经济管理理论引入了中国，宏观经济学就是从那个时候开始在中国流传的，既进入了决策层，也成为高校的重要课程。一些经济学论坛开始在西方经济学的框架和语境下展开。可以说，在此之前，中国的经济问题过去都是在马克思主义政治经济学的框架下展开的，从此以后就突破了原有的思维框架。不仅宏观经济学进来了，微观经济学也随之引进来了。于是所有制的讨论就演变成了产权问题的讨论，工厂问题的讨论就变成了公司问题的讨论。这条线索也是研究中国特色社会主义政治经济学史必须关注的问题。要认真研究国外经济学说的引进与中国经济发展的互动关系。这方面的研究总体上看成果不是很多，深度挖掘更是不够。《中国社会科学内部文稿》2016 年第 1 期发表的由谢富胜教授等翻译的一篇文章值得大家阅读，这篇文章的作者是美国经济学家史蒂夫·科恩，文章题目是《西方新自由主义经济学如何主导了中国的经济学教育?》。

第四条线索，中国传统文化是如何在中国经济发展过程中起作用的。如果说上面三条线索在中国经济发展过程中都是比较明显起作用的因素的话，那么这条线索作为一种潜话语起到了更深层的作用。这提示我们，在中国特色社会主义政治经济学历史的研究中，必须注意中国传统文化的作用问题。也就是说，中国的经济发展在几十年的时间里取得的举世瞩目的成就，其中也有中国传统文化的作用，这是一种经济发展的文化基因。关于这方面的研究还是十分缺乏的。我们要挖掘这种起潜移默化作用的潜话语发挥作用的机制。上面所讲的三条线索，无论是马克思主义政治经济学的中国化、时代化、大众化，是经济问题的学术讨论和理论研究，还是西方经济学的引进，这些都是显话语，都是在理论研究、政策制定中直接说出来的东西，而在运用这些显话语的时候，作为文化心理起根本作用的东西恰恰是那些直接附着在中国人身上的甚至连当事人自己都无法察觉的传统文化。习近平总书记在党的十八大以后反复强调文化问题，号召我们要重视传统文化的作用，要求大家在全面建成小康社会和推动中华民族伟大复兴的现代化进程中树立文化自信，并且明确提出了中国文化发展要坚持“创造性转化、创新性发展”的方针，根本原因就是他真正认识到了民族文化在民族发展中的根本作用。比如说，马克思主义政治经济学作为一个思想理论体系，我们有教科书可以学习；我们引进了宏观经济学和微观经济学，引进的就是一些教科书，我们可以花时间阅读；对重大经济问题进行大讨论，讨论各方都有什么观点，我们可以读他们的文章。这些都是显话语，只要阅读就能弄明白。但是隐藏在中国人行为背后的潜话语，就不那么易懂了。什么是潜话语呢？也很难给它下一个明确的定义。一句话说，就是只能意会不能言传的东西，就是隐藏在中国人行为中对中国经济的发展时刻都在起作用但又很难表达出来的实实在在存在的东西，就是中国文化传统的智慧。有一个现象不知大家有没有思考过：改革开放后，在第一批企业家中，有很多人并没有什么文化，有的人甚至连字都不认识，但是他们创办了大企业，而且企业一直在与时俱进地发展。我读过邓正来先生的很多书和文章，他是研究法理学的大家。但是，他在去世前发表了好几篇与法理学不相干的文章，谈的是中国人的生存智慧问题。我看到这些文章时感到奇怪：怎么研究法理的学者在讲中国人的生存智慧呢？看来邓正来先生在研究法理的过程中也体会到了中国文化的潜话语对法理问题的影响。我在新疆喀什地区当宣传部部长的时候，请清华大学的胡鞍钢教授到喀什授课，在陪同调研过程中他谈到人的知识发展的三个阶段：经验、知识、理论。我说，还有一个更重要的阶段：智慧。当然了，并不是有了经验、有了知识、有了理论，就一定有智慧，获得智慧也未必都要经历前面三个阶段。我认为，那些没有文化知识却能在实践中取胜的企业家，包括那些在各个领域的没有文化知识的成功者，都有着常人所没有的智慧。我在这里讲这个问题，目的是引起大家的思考，强调进行中国特色社会主义政治经济学的发展历史的研究必须把中国文化基因作为一个重要的维度。中国改革开放 40 年，起基础作用的还是中国智慧，表达系统好像使用了很多西方经济学的话语，但是实际的思维运作的方式却是中国的，这就是西方经济学解释不了中国的经济实践的根本原因。

在中国特色社会主义政治经济学发展历史中，这四条线索都以各种方式和途径在起作用，这种起作用的机制是奠定在实践基础上的非线性互动，中国的经济实践是这个互动的基础。在这四条线索中，马克思主义政治经济学的指导是主线，起主导作用。

四、中国特色社会主义政治经济学形成和发展的历史阶段

对于这四条线索以及四条线索之间是怎样在实践基础上发生互动的我也没有进行过深入的研究，在这里我们只能按照党和国家领导人的探索过程简单梳理一下中国特色社会主义政治经济学的发展阶段。

我们党历来重视对马克思主义政治经济学的学习、研究、运用，在新民主主义时期创造性地提出了新民主主义经济纲领，这可以看作中国特色社会主义政治经济学的前史。

党和毛泽东在探索社会主义建设道路过程中对发展我国经济提出了很多独创性的观点，是对马克思主义政治经济学的创造性发展。这是中国特色社会主义政治经济学形成和发展的奠基阶段。

一是毛泽东明确提出了撰写中国自己的政治经济学教科书的任务。在有关阅读苏联政治经济学教科书的谈话中，毛泽东明确提出了这样一个问题：社会主义政治经济学教科书究竟怎样才能写好？苏联的政治经济学教科书没有写好，没有写好的一个客观原因就是社会主义建设的时间太短了，社会主义的基本规律和矛盾没有完全暴露出来，在这样的情况下，写一本好的政治经济学教科书是不可能的。换句话说，在毛泽东看来，中国社会主义这样一个社会有机体还没有发育成熟，至少还没有成熟到像资本主义发展到英国资本主义那样一种成熟的程度。在这种情况下写出一部中国的政治经济学是困难的。毛泽东的这个观点值得我们高度重视。因为这个观点本身蕴含着一个重要的方法论前提——马克思在《资本论》中提出的社会有机体理论。如果把一个国家的社会发展看成一个社会有机体的

话——有人把这种观点叫作生物学隐喻——就是认为作为有机体的社会，像一个生物体一样，有一个发生、发育、成长、成熟、衰落的过程。如果这个社会有机体发育不成熟，人们就不能对这个社会有机体有完整的正确的认识。马克思写《资本论》是以英国为研究对象的，因为当时英国的资本主义发展已经成熟，是资本主义国家的一个典型代表，是资本主义世界中一个发育成熟的社会有机体。社会有机体的理论和方法是马克思用来研究经济学的唯物辩证法，是马克思思考政治经济学问题的哲学方法论。作为唯物辩证法的社会有机体蕴含着三个维度，第一，它是唯物的，承认社会的客观存在。第二，它是辩证的，认为社会是整体的而且是动态变化的。第三，它是历史的，认为社会是一个过程。作为方法的社会有机体具有丰富的方法论内涵，矛盾性、整体性、过程性都是其内在方法。矛盾性和整体性是辩证统一的，过去我们在讲矛盾性时有一种倾向，就是在强调一个社会有机体的矛盾性的时候，往往忘记了它的整体性，离开了社会有机体的整体性来谈矛盾性，而整体性恰恰是社会有机体得以存在的基本前提。矛盾是整体中的矛盾，没有离开整体的矛盾。矛盾方法是马克思主义哲学的一个基本方法，矛盾分析也是毛泽东十分看重的哲学方法，不从矛盾分析方法入手就很难看清事物的性质和本质。重视矛盾方法是正确的，在实践中也是有效的。但是，在社会领域的研究中，离开整体性的矛盾分析往往会走向片面。回到我们的论题上来，到目前为止，世界上社会主义制度的建立已经有一百多年的时间，中国的社会主义实践也已经有60多年的时间，中华人民共和国成立已经近70年，中国社会主义社会作为一个社会有机体也已经成熟。在这种情况下，写出一部比较成熟的政治经济学已经具备客观条件了。建构中国特色社会主义政治经济学理论体系有了历史的必然性。

二是毛泽东明确提出社会主义政治经济学研究的对象。读苏联政治经济学教科书时，毛泽东认为斯大林对政治经济学研究对象的界定具有狭窄性，明确指出政治经济学研究的对象应该主要是生产关系，但是要研究清楚生产关系，就必须一方面联系研究生产力，另一方面联系研究上层建筑，否则就说不清楚生产力和生产关系。这明显突破了斯大林将政治经济学的研究对象界定为生产关系的局限性。我们过去的教科书都讲政治经济学的研究对象就是生产关系，又把生产关系归结为三个方面：所有制、人与人的关系、分配关系。这些大家都是知道的。但是毛泽东说那样不行，起码要有“两个联系”，把生产关系改成“主要是生产关系”。他在解释政治经济学的研究对象要有所拓展的时候，又提醒大家要注意不能走向另一个极端，不能把研究对象泛化。他说要联系生产力来研究生产关系不是说要把生产力作为研究对象，不能把生产力的研究太发展了，否则就成了自然科学，就成了技术科学，就成了工艺学了。对上层建筑的研究也不能太发展了，否则就成为阶级斗争论了，就成了国家论了。毛泽东是说要掌握一个度。

三是毛泽东论述了社会主义政治经济学研究的主线问题。如果深入思考并探讨毛泽东这些论述的思维密码的话，我们就会发现他对政治经济学研究对象界定的方法论基础还是马克思的社会有机体理论。生产力、生产关系、上层建筑这三个方面的相互关系正好组成了社会有机体的一个横断面，生产关系是这个横断面的核心，生产力是基础，上层建筑是顶层。研究核心问题，当然离不开基础和顶层，但是又不能归结为基础和顶层。在这里，毛泽东在方法论层面上把马克思的社会经济形态、政治形态和社会形态融为一体，看成一个社会有机体了。毛泽东在总体上是把中国社会看成社会有机体的，这体现了他方法论上的整体性原则，但是他又是十分看重这个有机体的内在动力的，他认为这个内在动力就是社会有机体的矛盾性。毛泽东突破斯大林的另一个重要理论贡献就是承认中国社会主义这个社会有机体是存在矛盾的。这是毛泽东创立社会主义矛盾论的方法论前提。在这些思考的基础上，针对政治经济学研究问题，他提出了政治经济学研究的纲的问题，这个纲实际上就是研究的主线。这个主线就是社会主义社会的基本矛盾。他主张要以生产力和生产关系的平衡和不平衡，生产关系和上层建筑的平衡和不平衡作为纲来研究社会的经济问题。这更是对苏联政治经济学的突破，因为苏联社会主义政治经济学是不承认社会主义有矛盾的，毛泽东不仅承认了有矛盾，而且提出了社会基本矛盾问题。毛泽东系统论述社会基本矛盾问题是在1957年初关于正确处理人民内部矛盾的问题的报告中，在有关阅读苏联政治经济学教科书的谈话中社会基本矛盾就转化成了政治经济学研究的纲或者主线。为什么说是转化呢？因为毛泽东在这里并不是说基本矛盾是主线，而是把基本矛盾中的两对矛盾中对立双方的平衡与不平衡的关系作为主线。他把平衡与不平衡的相互转化看成规律，而且把它叫作波浪式发展规律。实际上平衡与不平衡这个问题作为哲学的研究对象，20世纪80年代、90年代在哲学界就有很深入的研究。四川社会科学院毛泽东思想研究所在这个问题上有很大贡献。四川社会科学院毛泽东思想研究所的创始人杨超是中共四川省委原书记，他在延安时期就是毛泽东组织的哲学学习小组的成员。从省委书记岗位退下来后，他成立了毛泽东思想研究所，研究毛泽东思想特别是毛泽东哲学思想，还在毛泽东思想研究所创办了一份杂志——《毛泽东思想研究》。他组织了一批学者研究毛泽东哲学，特别是研究毛泽东的波浪式发展规律理论，从哲学的高度对平衡不平衡规律进行深入研究，认为事物都是在平衡与不平衡这样一个波浪式前进过程中发展的。他们的研究取得了很多成果。大家如果要深入研究毛泽东关于社会主义政治经济学的纲的问题，可以参考四川社会科学院的研究成果。

四是毛泽东论述了社会主义政治经济学研究的方法论问题。毛泽东认为，苏联政治经济学教科书社会主义部分之所以写得不好，除了社会主义建设时间比较短这种客观原因之外，从主观上讲有两个原因：其一是教科书不是出自一个人之手，那么多人合写，写作的水平和风格都不一样，写不出好的著作，最好的写作办法是以一个人为主找几个助手帮助；其二是没有哲学头脑写不出好的政治经济学教科书。毛泽东谈到，苏联政治经济学教科书的一个很大的毛病是形而上学，不懂辩证法。他说没有哲学家头脑的作家要写出好的政治经济学来是不可能的。毛泽东非常重视政治经济学研究的重要方法论原则：历史分析原则和从经济事实出发的原则。在"5·17讲话"中习近平提出的构建中国哲学社会科学的总体思路，是对毛泽东的这一方法论原则的继承和发展。这个总体思路是："要按照立足中国、借鉴国外，挖掘历史、把握当代，关怀人类、面向未来的思路，着力构建中国特色哲学社会科学，在指导思想、学科体系、学术体系、话语体系等方面充分体现中国特色、中国风格、中国气派。"① 在理解习近平构建中国特色哲学社会科学这个总思路时我们还可以回顾毛泽东在延安时的一段话，毛泽东的这段话讲的是如何研究党史，但对我们哲学社会科学的研究也有指导意义。这个思路的本质是号召中国的哲学社会科学研究要"以中国为中心"，要"以中国为立场"。1942年3月30日，毛泽东针对当时我们党在认识论上的教条主义取向，以研究中共党史为例提出了研究问题的科学方法。他说："根本的方法马、恩、列、斯已经讲过了，就是全面的历史的方法。我们研究中国共产党的历史，当然也要遵照这个方法。我今天提出的只是这个方法的一个方面，通俗地讲，我想把它叫作'古今中外法'……所谓'古今'就是历史的发展，所谓'中外'就是中国和外国，就是己方和彼方。"② "应该以中国做中心，把屁股坐在中国身上……

① 习近平. 在哲学社会科学工作座谈会上的讲话. 北京：人民出版社，2016：15.

② 毛泽东. 毛泽东文集：第2卷. 北京：人民出版社，1993：400.

我们有些同志有一个毛病，就是一切以外国为中心，作留声机，机械地生吞活剥地把外国的东西搬到中国来，不研究中国的特点。”① 70 多年过去了，用毛泽东的这些论述来观照今天的哲学社会科学研究的状况，从方法论的层面来说，不是很值得我们深思吗？毛泽东把这种方法叫作“古今中外法”。他讲的是怎样研究党史，实质上讲的就是怎样做学问的问题。他解释说，古就是过去，今就是今天，中就是中国，外就是外国，而且他说相对于延安来讲，其他地方就是外，相对于你自己来讲，其他人就是外。也就是说，不管你研究什么问题，不管你研究的是中国还是外国，哲学社会科学的研究首先是有立场的。我们在基层工作的时候，把立场叫作“屁股决定脑袋”，也就是毛泽东所说的哲学社会科学的研究“屁股要坐在中国身上”。在“5·17 讲话”中习近平又一次指出了哲学社会科学研究的立场问题，他说任何一门社会科学，都是有立场的，号召大家站在人民的立场上做学问，为人民做学问。所以他提出以人民为中心的发展，我们做学问是为人民做学问。

改革开放以后，以邓小平为核心的第二代中央领导集体明确提出了探索“中国特色社会主义”的概念，开辟了中国特色社会主义道路。在中国特色社会主义的实践过程中，中国特色社会主义政治经济学实现了真正的破题。以江泽民同志为核心的第三代中央领导集体继续探索中国特色社会主义道路，在实践过程中使中国特色社会主义政治经济学从各方面得以深化。以胡锦涛同志为总书记的党中央沿着中国特色社会主义道路继续前进，在中国特色社会主义政治经济学的理论探索中使各方面得以拓展。这是中国特色社会主义政治经济学形成和发展的第二个阶段。

为什么说邓小平实现了中国特色社会主义政治经济学的破题呢？这里

---

① 毛泽东. 毛泽东文集：第 2 卷. 北京：人民出版社，1993：407.

有三个理由：一是邓小平突破性地提出了社会主义市场经济论。当然，社会主义市场经济论的形成也有个过程。党的十一届三中全会恢复了实事求是的思想路线，实现了党的工作重心的转移，明确了实现社会主义现代化的目标。党的十二大提出了走中国特色社会主义道路，但是在工作中确定了以计划经济为主、以市场调节为辅的思路，到了党的十二届三中全会上具体化为有计划的商品经济。1992 年成为历史的重大转折点，邓小平的南方谈话成为转折的标志。邓小平说："计划多一点还是市场多一点，不是社会主义与资本主义的本质区别。计划经济不等于社会主义，资本主义也有计划；市场经济不等于资本主义，社会主义也有市场。计划和市场都是经济手段……就是要对大家讲这个道理。证券、股市，这些东西究竟好不好，有没有危险，是不是资本主义独有的东西，社会主义能不能用？允许看，但要坚决地试。看对了，搞一两年对了，放开；错了，纠正，关了就是了。关，也可以快关，也可以慢关，也可以留一点尾巴。怕什么，坚持这种态度就不要紧，就不会犯大错误。总之，社会主义要赢得与资本主义相比较的优势，就必须大胆吸收和借鉴人类社会创造的一切文明成果，吸收和借鉴当今世界各国包括资本主义发达国家的一切反映现代社会化生产规律的先进经营方式、管理方法。"① 这是社会主义市场经济论的首次完整系统的表达，从思想层面解决了社会主义与市场经济的关系问题，既是中国社会主义实践过程，也是国际社会主义运动中社会主义理论的重大突破。这个理论突破为当年召开的中共十四大定下了理论基调，为十四大确定社会主义市场经济体制改革的目标奠定了理论基础。邓小平的理论突破也标志着中国特色社会主义政治经济学理论的正式形成。二是邓小平提出了中国社会主义初级阶段理论。社会主义和市场经济，无论是传统的政治经济

---

① 邓小平．邓小平文选：第 3 卷．北京：人民出版社，1993：373．

学理论还是现代经济学理论，都认为是两个水火不容的东西，在它们看来社会主义和市场经济的结合是不可能的。在国际共产主义运动史上也没有先例可循。确立这样的理论基调必须找到确切的根据。邓小平找到了根据，那就是社会主义初级阶段这个中国的基本国情。“我们搞社会主义才几十年，还处在初级阶段。巩固和发展社会主义制度，还需要一个很长的历史阶段，需要我们几代人、十几代人，甚至几十代人坚持不懈地努力奋斗，决不能掉以轻心。”[①]“资本主义发展几百年了，我们干社会主义才多长时间！何况我们自己还耽误了二十年。如果从建国起，用一百年时间把我国建设成中等水平的发达国家，那就很了不起！从现在起到下世纪中叶，将是很要紧的时期，我们要埋头苦干。”[②] 当然了，社会主义初级阶段问题不是南方谈话首次提出的，据学者考证，党的十一届四中全会通过的叶剑英在中华人民共和国成立 30 周年纪念会上的讲话，就初步提出了类似社会主义初级阶段的思想：“社会主义制度还处在幼年时期。”1981 年在中共中央《关于建国以来党的若干历史问题的决议》中首次提出“我们的社会主义制度还是处于初级的阶段”。1986 年在中共中央《关于社会主义精神文明建设指导方针的决议》中又提到“我国还处在社会主义的初级阶段”。1987 年党的十三大在以上认识的基础上系统地论述了我国社会主义初级阶段理论，明确指出这是建设中国特色社会主义的首要问题，并将其作为我们党制定路线、方针、政策的理论依据。中国处于社会主义初级阶段这个基本国情为社会主义市场经济论的提出提供了最根本的实践根据，反映这个实践根据的社会主义初级阶段理论就成为社会主义市场经济论的理论根基。邓小平在南方谈话中系统地阐明了他的中国特色社会主义理论，在这个谈话中重申了党的十三大关于社会主义初级阶段的论述，把社会主义初

---

① 邓小平. 邓小平文选：第 2 卷. 北京：人民出版社，1994：379-380.

② 同①383.

级阶段理论置于中国特色社会主义理论的根基地位，这在逻辑上是圆满自洽的，在事实上也是符合中国实际的。三是邓小平提出了社会主义本质理论。正是因为有了社会主义初级阶段理论，才能够提出社会主义本质理论。也就是说，邓小平的社会主义本质理论是奠定在他的社会主义初级阶段理论之上的，没有了社会主义初级阶段理论，也就无法理解他的社会主义本质理论。"社会主义的本质，是解放生产力，发展生产力，消灭剥削，消除两极分化，最终达到共同富裕。"① 基于社会主义初级阶段理论来理解邓小平的社会主义本质理论，我们就会看到，这个社会主义本质不是一般意义上的社会主义本质，而是特指中国的社会主义初级阶段的本质，是特指中国特色社会主义的初级阶段的社会主义本质，所以不能将其泛化成一般意义或者普遍意义上的社会主义本质。不要说世界上任何国家的社会主义本质，就是在中国，一旦进入了社会主义的中级阶段、高级阶段，我们对社会主义的本质也要重新界定。列宁曾经讲过事物的本质也是要分层次的，会有一级本质、二级本质、三级本质，等等。

以江泽民同志为核心的第三代中央领导集体在邓小平探索的基础上从各方面对中国特色社会主义政治经济学理论进行了深化。主要表现在四个方面：一是提出了建立社会主义市场经济体制的改革目标，也就是把邓小平在思想层面上的理论转换成了体制机制层面的实践。党的十四大明确提出了建立社会主义市场经济体制的问题。这个大家都很熟悉了，我就不多讲了。要对这个问题有更多的了解，特别是想知道这个决策过程的同志，可以看这样一本小册子——《江泽民与社会主义市场经济体制的提出——社会主义市场经济 20 年回顾》，这本小册子收录了江泽民的三篇文章和六篇当事人对社会主义市场经济提出过程的回顾文章。2012 年出版的时候，

① 邓小平．邓小平文选：第 3 卷．北京：人民出版社，1993：373.

江泽民还专门为这本书的出版题词："解放思想，集思广益，温故知新，谋划未来"。二是确定了社会主义初级阶段的基本经济制度。社会主义市场经济体制改革目标确立以后，我们党对所有制问题的认识大大向前推进了，党的十四大提出了"多种经济成分长期共同发展"，党的十五大提出了社会主义初级阶段的基本经济制度是"公有制为主体、多种所有制经济共同发展"以及"非公有制经济是我国社会主义市场经济的重要组成部分"的论断，彻底突破了"主体—补充"思维模式，确立了"主体—共同发展"思维模式，从而实现了中国特色社会主义政治经济学所有制理论的重大突破。三是确立了社会主义初级阶段的基本分配制度。党的十三大在所有制结构上提出了"主体—补充"论，在分配制度上也相应形成了"主体—补充"论，即"以按劳分配为主体，其他分配方式为补充"，"在共同富裕的目标下鼓励一部分人通过诚实劳动和合法经营先富起来"。党的十五大提出了社会主义初级阶段的基本经济制度，在分配制度上相应提出"坚持按劳分配为主体、多种分配方式并存的制度。把按劳分配和按生产要素分配结合起来……允许和鼓励资本、技术等生产要素参与收益分配"，最终确立了社会主义初级阶段的基本分配制度。四是提出了公有制实现形式多样化的思想，并推进了公有制实现形式多样化实践进程。党的十五大突破了公有制仅有国有经济和集体经济两种存在形式的传统观点，认为"公有制经济不仅包括国有经济和集体经济，还包括混合所有制经济中的国有成分和集体成分"，社会主义也可以运用股份制，"不能笼统地说股份制是公有还是私有，关键看控股权掌握在谁手中"。认为公有制的主体地位主要体现在公有资产在社会总资产中占优势，国有经济控制国民经济命脉，对经济发展起主导作用。而国有经济起主导作用，主要体现在控制力上。"在这个前提下，国有经济比重减少一些，不会影响我国的社会主义性质"。

以胡锦涛同志为总书记的党中央提出了科学发展观，把科学发展观界定为：第一要义是发展，核心是以人为本，基本要求是全面协调可持续，根本方法是统筹兼顾。从党的十六大到党的十八大，科学发展观的内涵不断丰富，实践效果不断显现。科学发展观的提出极大地拓展了中国特色社会主义政治经济学。一是明确了“科学发展”是中国特色社会主义经济建设的主线。二是从哲学层面思考中国特色社会主义经济发展问题。科学发展观是马克思主义关于发展的世界观和方法论的集中体现，体现了唯物史观关于生产力是人类社会发展基础的基本观点。三是科学发展观具有鲜明的向中国传统文化寻求资源支持的思想倾向。中国特色社会主义政治经济学需要吸收中华文化的精华，也就是习近平所强调的“中国智慧”。科学发展观从中华文化中寻求智慧资源。中华文化基因是建构中国特色、中国风格、中国气派政治经济学的重要思想资源。四是引入了经济思考的社会视角，提出构建和谐社会的思想。和谐社会建设突破了单纯着眼于“人”与“物”关系，开始着眼于“人”与“人”的关系。2005 年 3 月在中央人口资源环境工作座谈会上，胡锦涛首次使用了“生态文明”概念，2007 年 10 月党的十七大首次明确提出了“建设生态文明”的任务。2007 年 12 月胡锦涛在学习贯彻党的十七大精神研讨班上明确指出：“建设生态文明，实质上是要建设以资源环境承载力为基础、以自然规律为准则、以可持续发展为目标的资源节约型、环境友好型社会。”可持续发展和生态文明的提出，是对中国特色社会主义政治经济学发展的重大拓展，把人与自然的关系纳入了政治经济学的研究范围。基于生态文明视角，可以看出，经济发展不是单向度地张扬人的生产能力，而是在更高层次上实现人与自然的和谐统一。

党的十八大以来，我国经济改革和发展进入新阶段，面临的机遇和风险前所未有，以习近平同志为核心的党中央领导集体，提出了一系列治国理政的新思想、新理念、新战略，极大地丰富了中国特色社会主义理论体系，推动了中国特色社会主义政治经济学的系统化，是马克思主义政治经济学中国化、时代化的最新成果，也是中国特色社会主义政治经济学的最新阶段。为什么说是最新发展阶段呢？

一是明确提出构建“中国特色社会主义政治经济学”。中国特色社会主义政治经济学已经开始成为一门植根中国实践、凝聚中国智慧的系统科学理论。2014 年 7 月在主持经济形势专家座谈会时，习近平提出各级党委和政府都要学好用好政治经济学。2015 年 11 月在主持中共中央政治局第二十八次集体学习时，习近平强调要立足我国国情和我国经济发展实践，揭示新特点新规律，提炼和总结我国经济发展实践的规律性成果，把实践经验上升为系统化的经济学说，不断开拓当代中国马克思主义政治经济学新境界。2015 年 12 月，中央经济工作会议提出要坚持中国特色社会主义政治经济学的重大原则。从“政治经济学”到“当代中国马克思主义政治经济学”，再到“中国特色社会主义政治经济学”，无论是内涵还是外延，都一次比一次明确和具体，对马克思主义政治经济学中国化、时代化的认识越来越深化，理论自觉和理论自信达到了全新的高度。

二是从历史逻辑的高度揭示了中国特色社会主义政治经济学的形成和发展过程。习近平指出：“我们党历来重视对马克思主义政治经济学的学习、研究、运用，在新民主主义时期创造性地提出了新民主主义经济纲领，在探索社会主义建设道路过程中对发展我国经济提出了独创性的观点，如提出社会主义社会的基本矛盾理论，提出统筹兼顾、注意综合平衡，以农业为基础、工业为主导、农轻重协调发展等重要观点。这些都是我们党对马克思主义政治经济学的创造性发展”；“党的十一届三中全会以来，我们党把马克思主义政治经济学基本原理同改革开放新的实践结合起来，不断丰富和发展马克思主义政治经济学，形成了当代中国马克思主义政治经济学的许多重要理论成果……这些理论成果，是适应当代中国国情和时代特点的政治经济学，不仅有力指导了我国经济发展实践，而且开拓了马克思主义政治经济学新境界。”① 习近平的重要论述科学地指明了中国特色社会主义政治经济学的理论基础、历史源流和发展方向，是构建中国化、时代化的马克思主义政治经济学的基本遵循。

三是提出了坚持和发展中国特色社会主义政治经济学的重大原则。习近平指出：“学习马克思主义政治经济学，是为了更好指导我国经济发展实践，既要坚持其基本原理和方法论，更要同我国经济发展实际相结合，不断形成新的理论成果。”② “不断形成新的理论成果”需要坚持六个重大原则：第一，坚持以人民为中心的思想，把增进人民福祉、促进人的全面发展、朝着共同富裕方向稳步前进作为经济发展的出发点和落脚点。这是马克思主义政治经济学的根本立场。第二，坚持创新、协调、绿色、开放、共享五大新的发展理念，不断破解经济社会发展难题，开创经济社会发展新局面。第三，坚持和完善社会主义基本经济制度。毫不动摇巩固和发展公有制经济，坚持公有制的主体地位和国有经济的主导作用；毫不动摇鼓励、支持、引导非公有制经济发展；推动各种所有制取长补短、相互促进、共同发展。这是全体人民共享发展成果、巩固共产党的执政地位、坚持社会主义制度的重要制度保证。第四，坚持和完善社会主义基本分配制度。努力推动居民收入增长和经济增长同步、劳动报酬提高和劳动生产率提高同步，不断缩小收入差距。第五，坚持社会主义市场经济改革方向。坚持辩证法、两点论，继续在社会主义基本制度与市场经济的结合上下功夫，把两方面优势都发挥好。第六，坚持对外开放基本国策。统筹国内国际两个大局，利用好国际国内两个市场、两种资源，发展更高层次的

---

①② 习近平在中共中央政治局第二十八次集体学习时强调：立足我国国情和我国发展实践，发展当代中国马克思主义政治经济学. 人民日报，2015-11-25.

开放型经济，积极参与全球经济治理，同时坚决维护我国发展利益，积极防范各种风险，确保国家经济安全。

四是从理论逻辑的高度提出了中国特色社会主义政治经济学的理论框架。习近平治国理政的重要论述，既继承了马克思主义政治经济学的基本原理，凝聚了改革开放以来马克思主义政治经济学中国化、时代化的一系列重要成果，又与时俱进，开拓创新，形成了中国特色社会主义政治经济学的逻辑线索和结构体系。第一，坚持人民立场，构建劳动人民的政治经济学，这是马克思主义生产观点、阶级观点和群众观点的科学运用和生动体现。第二，研究对象是中国生产关系变革和经济发展，任务是揭示三大规律：中国特色社会主义建设所应遵循的自然规律、经济规律和社会规律。习近平总书记指出："发展必须是遵循经济规律的科学发展，必须是遵循自然规律的可持续发展，必须是遵循社会规律的包容性发展。"第三，理论基石或者逻辑起点是社会主义初级阶段理论。离开了社会主义初级阶段论，其他一切论断都失去了根基，失去了理论解释力。第四，两大主体理论是社会主义本质理论和社会主义市场经济理论，主线是经济社会发展，基本理念是创新、协调、绿色、开放、共享。第五，理论逻辑终点是促进社会公平正义、逐步实现全体人民共同富裕。

社会主义市场经济理论创新和发展

杨承训

社会主义市场经济是中国特色社会主义政治经济学中非常重要的一个基本范畴。把社会主义与市场经济结合起来的理论，不但是马克思主义经济学说的新篇章，而且是所有经济学说或理论中所没有的。这一理论是我国改革开放的重要理论基础，是我国经济社会深化改革的方向。正如江泽民同志在党的十六大报告中所说："在社会主义条件下发展市场经济，是前无古人的伟大创举，是中国共产党人对马克思主义发展作出的历史性贡献，体现了我们党坚持理论创新、与时俱进的巨大勇气。由计划经济体制向社会主义市场经济体制的转变，实现了改革开放新的历史性突破，打开了我国经济、政治和文化发展的崭新局面。"① 习近平同志进一步指出："提出建立社会主义市场经济体制的改革目标，这是我们党在建设中国特色社会主义进程中的重大理论和实践创新，解决了世界上其他社会主义国

① 江泽民．江泽民文选：第3卷．北京：人民出版社，2006：532.

家长期没有解决的一个重大问题。”①

关于社会主义市场经济一般理论大家研究得已经很多了，如果从深层理解则是一个十分重大的课题。第一是理论上的创新点，突破了马克思主义原来的个别结论；第二是政治经济学中的难点，怎么解释这个问题传统经济学难以说通；第三是争议的焦点，最近几十年争论最大的就是这个问题；第四是搞活经济的节点；第五是现实生活中的乱点，比计划经济复杂得多；第六是执政的悬点，弄不好就会滑下去，风险比较大，活力和风险并存；第七从改革来说，又是改革的深点，从这里深入，社会主义市场经济是改革方向。这就是习近平所讲的“明知山有虎，偏向虎山行”。

一、立论之本：马克思主义与中国实践结合的创新

为什么邓小平选择中国特色社会主义？如果回顾历史，从空想社会主义开始，社会主义理论都把商品、货币、市场当作罪恶的渊薮。马克思和恩格斯当时没有社会主义经济的实践，不可能提出社会主义同市场经济结合的思想，认为：“一旦社会占有了生产资料，商品生产就将被消除，而产品对生产者的统治也将随之消除。社会生产内部的无政府状态将为有计划的自觉的组织所代替。个体生存斗争*停止了。”② 我们应该历史地辩证地看待这一问题，而不应苛求前人。然而，必须实事求是地承认这样的事实：马克思和恩格斯关于建立公有制必须消灭商品经济的思想对后人影响甚大，以至被认为这是社会主义经济学与资产阶级经济学的分水岭。在实

---

* 指市场竞争。——笔者注

① 习近平．习近平谈治国理政．北京：外文出版社，2014：94.

② 马克思，恩格斯．马克思恩格斯全集：第19卷．中文1版．北京：人民出版社，1963：245.

践中，由此带来了社会主义经济的曲折性：有三次取消商品—市场的失败；四次利用商品—市场挽救困难局面；两次限制商品—市场的长时期运行，不利于生产力发展；以及一次比较。这被简称为“三四二一”。

三次失败是指苏联战时共产主义时期（1918—1920年）、中国人民公社化之初（1958年）、柬埔寨红色高棉消灭商品货币（1980年彻底垮台）。四次利用市场挽救困难局面是指苏联新经济政策（1921—1928年）；中华人民共和国成立初期“四面八方”的政策，利用市场三年恢复战争创伤（1949—1952年）；中国暂时困难时期（1959—1962年），放开市场，很快出现转机；“文化大革命”后期国民经济面临崩溃边缘，粉碎“四人帮”后开始放开市场，出现更大的转机。这表明，何时消灭商品市场关系，经济发展就会遇到重大挫折，乃至彻底失败；何时利用好商品市场关系，困难就会好转，出现繁荣景象，尤其是我国改革开放之后的40年最为明显。不过，虽然前三次出现暂时的好转，却仍有两个很长的时期实行高度集中的计划经济体制（计划分配、统收统支、统购统销等），限制商品市场经济发展：最典型的是苏联计划经济体制（1929—1991年，中间有1941—1945年战争时期）；中国建设初期基本仿照苏联计划经济模式，长达近30年（1953—1978年）。虽然当时经济发展突起，但在较长时间内则限制了经济活力，有相当长的时间和相当多的领域处在僵化状态。中国也接受过苏联的一些教训，提出适合自己实际的方针（如综合平衡、统筹兼顾、以农业为基础及以工业为主导、地区之间平衡、集中力量办大事等等），在一定程度上发展商品生产，但始终未摆脱计划体制的大框框，在很大程度上限制了社会主义制度优越性的发挥（虽然取得了巨大成就）。

当然，在这个漫长的实践过程中，对商品—市场经济的认识还是有所发展的，如斯大林认为社会主义有部分商品的存在，毛泽东三次提出利用商品生产（1949年、1956年、1960年），陈云提出“三个主体三补充”

（即：（1）在工商业经营方面，国家经营和集体经营是工商业的主体，但是附有一定数量的个体经营。这种个体经营是国家经营和集体经营的补充。（2）在生产计划方面，全国工农业产品的主要部分是按照计划生产的，但是同时有一部分产品是按照市场变化而在国家计划许可范围内自由生产的。计划生产是工农业生产的主体，按照市场变化而在国家计划许可范围内的自由生产是计划生产的补充。（3）在市场方面，国家市场是主体，但附有一定范围内国家领导的自由市场作为国家市场的补充）以更多地利用市场，但是总体上都没有实现根本性的突破。

一次比较是指邓小平最早从历史的曲折中总结了自己的经验，也借鉴了世界上资本主义国家发展的经验，并上升为理论。1979 年提出“社会主义也可以搞市场经济”的论断①，肯定了社会主义利用市场经济焕发活力并加快生产力发展的思想。对社会主义国家和资本主义国家做了大胆对比，他自己讲“前十年为后十年准备”，他说社会主义和资本主义比较，我们的优点是全国一盘棋，能够集中力量办大事，缺点是经济搞得不活，市场搞得不活。计划和市场处理得好，我们就发展有利，处理不好就糟。之后至少有 12 次论述了社会主义与市场经济结合的问题，他的基本出发点是社会主义必须加快生产力发展，具体观点有：（1）市场和计划不是区分社会主义和资本主义的标志，市场是手段，不涉及社会主义本质，在社会主义质的规定下可以运用市场经济为之服务。（2）根本出发点在于市场经济有利于发展生产力和提高人民的生活水平。“我们发挥社会主义固有的特点，也采用资本主义的一些方法（是当作方法来用的），目的就是要加速发展生产力。在这个过程中出现了一些消极的东西，但更重要的是，搞这些改革，走这样的路，已经给我们带来可喜的结果。中国不走这条路，

① 邓小平．邓小平文选：第 2 卷．北京：人民出版社，1994：236.

就没有别的路可走。只有这条路才是通往富裕和繁荣之路。"①（3）社会主义应当吸取人类一切有益的成果，包括发达资本主义国家的经验，因为就发展社会化生产力方面，两种制度的国家有共同遵循的规律。（4）计划和市场两种手段，资本主义、社会主义都可以用，既不能用计划排斥市场，也不能用市场排斥计划。（5）国内的社会主义经济可以有条件地与国际市场经济接轨，对外开放是社会主义市场经济的一个内容。（6）社会主义市场经济的特点和优点是"四个坚持"，即同社会主义的经济基础和上层建筑结合，可以减少市场经济的负面影响，即探索社会主义市场经济的特殊规律。

大体上说，在改革开放的40年中，社会主义市场经济理论的发展经过了4个阶段：（1）社会主义市场经济理论的提出和形成阶段（1978—1992年），党的十二届三中全会提出发展"有计划的商品经济"；（2）社会主义市场经济理论与体制全面确立阶段（1992—2002年），邓小平南方谈话后党的十四大确定实行社会主义市场经济体制；（3）社会主义市场经济理论与体制进一步完善阶段（2003—2012年）；（4）全面深化改革阶段，习近平同志提出"使市场在资源配置中起决定性作用和更好地发挥政府的作用"②（2013年至今）。历史表明，社会主义必须同市场经济结合才能释放更多的优越性。这是中国特色社会主义政治经济学的重大创新成果。

到底社会主义市场经济好不好？回答是：问题不少，但成就是主要的。我们用不到40年的时间使经济从世界的第十位跃居到第二位，让世界对中国人刮目相看。实践是检验真理的唯一标准。实践证明社会主义市场经济这条路走对了，这就回答了"为什么选择社会主义市场经济"。它的立论之本是什么？立论之本不是本本，而是实践，这是我们的方法论。我

---

① 邓小平．邓小平文选：第3卷．北京：人民出版社，1993：149-150.

② 习近平．习近平谈治国理政．北京：外文出版社，2014：75.

们考虑问题要学马克思主义不错，但是学习什么？学习立场观点方法，而不是学个别结论，要立足于实践研究问题。我们给学生讲课时，学生提出“马克思恩格斯提出这个问题我们怎么看?”他们是我们伟大的导师，但是从唯物论、认识论来看任何人都有局限性，它的个别结论我们可以触摸，这符合马克思主义认识论。社会主义市场经济理论是伟大的创新。

二、结合之根：社会化规律沟通市场经济与社会主义联系

从空想社会主义开始人们就认为市场经济和社会主义是不相容的，到底怎么将两者结合？为什么要结合？有三种看法。第一种认为社会主义和市场经济根本不能结合，比如西方资本主义就认为“社会主义与资本主义就像油和水一样不能融合”。这种观点站不住脚。第二种观点认为社会主义与市场经济的结合是表层的，暂时灵很快就不太灵了。这种观点也站不住脚。第三种是政策上的，社会主义公有制与市场经济私有制能够结合是因为它有单独的利益单元，企业有单独的利益，它的交换也需要通过计算，也需要价值。这种观点是对的，但是我们需要进一步深化，讲清楚它的必然性。

市场经济为什么能够与社会主义制度结合？这根植于生产社会化规律。照原来的逻辑说，社会化的生产关系适合社会化的生产力，正如螺丝帽扣螺丝钉，不是恰到好处吗？然而，实践表明，这个设想偏于简单了。事实上，社会的生产关系（主要是生产资料公有制）同社会化生产力之间的结合，是一个很复杂的过程，二者之间需要有一系列的联结形式，必须有一个起联结作用的中介系统，即大的交换系统和资源配置系统。社会化生产力越发达，社会化所有制关系同它结合就越需要庞大而复杂的中介形

式来联结，使之在运转中吻合。这三个层次缺一不可。依照以往的观念建立起来的经济体制，其弊端主要来自缺少这个联结层次，至少是残缺不全的。改革过程中出现的新矛盾，仍然主要来源于此种组织和机制远未健全。而抽掉或者忽视这个联结形式，便自然在社会化生产力和社会化生产关系中人为地形成一个“隔离层”。现在，我们需要重新认识商品—市场经济（市场经济是发达的商品经济，在一般情况下二者可以通用）的属性和根基。

商品经济具有生产力和生产关系二重属性。往常人们总是把商品经济视为特定生产关系中的一种表现形式，或者说是依赖于特定所有制关系的一种“表层”运行关系。看来这是不全面的。

市场经济本质上是交换经济。而交换绝不只是表现生产关系。按照恩格斯的说法：“生产以及随生产而来的产品交换是一切社会制度的基础”[①]（他认为这是唯物主义历史观的一条原理）。“生产和交换是两种不同的职能”，“这两种社会职能的每一种都处于多半是特殊的外界作用的影响之下，所以都有多半是各自的特殊规律。但是另一方面，这两种职能在每一瞬间都互相制约，并且互相影响，以致它们可以叫做经济曲线的横坐标和纵坐标”。[②] 从原来一般意义上来说，社会经济或社会再生产过程由四个环节组成，即生产、交换、分配、消费，而起主导作用的是生产和交换两种社会职能相互作用的运动，其中最根本的又是（狭义的）生产过程。交换离不开生产，而生产在超出自然经济单位的范围内也离不开交换。只要生产发展到出现起码的剩余产品，出现社会分工，生产活动超出个体的狭小范围，生产过程和产品交换过程便交织在一起。而且生产力水平越高，就越强化自身的社会化，而生产的社会性越强化，交换关系也

① 马克思，恩格斯．马克思恩格斯全集：第19卷．中文1版．北京：人民出版社，1963：228.

② 马克思，恩格斯．马克思恩格斯选集：第3卷．3版．北京：人民出版社，2012：525.

就越深广。可见，交换及其总体流通作为一种经济过程，首先是社会生产的部分，不因生产关系的变更而被取消，它同社会化生产有着不解之缘。

什么叫社会化生产（或者生产社会化）？不是像以前所说的简单地大规模集中劳动，规模越大，社会化程度越高（如古代和中世纪的许多大规模集中劳动，并非社会化）。按照恩格斯的说法："生产本身也从一系列的个人行动变成了一系列的社会行动，而产品也从个人的产品变成了社会产品。"列宁做了更明确、更详尽的论述："资本主义生产使劳动社会化，决不在于人们在一个场所内做工（这只是过程的一小部分），而在于随着资本集中而来的是社会劳动的专业化，每个工业部门的资本家人数的减少，单独的工业部门数目的增多；就是说，在于许多分散的生产过程融合成一个社会生产过程。生产者之间的社会联系日益加强，生产者在结成一个整体。"① 领会经典作家的论述，结合世界经济的实际，可以做这样的概括：生产社会化就是通过一定的联系形式使以往狭小的生产变成一个社会过程，其产品变为满足社会需要的产品。社会化生产包括两个方面：一个是"分"，即越来越精细的社会分工，专业化程度不断提高；一个是"联"，即越来越密切的社会联系，互相依赖性日益强化。二者互为条件，互相促进。社会分工越深化，承担社会分工的生产者之间的联系越密切、越广泛，而社会联系的强化又以新的综合生产力及新的形式推动社会分工的深化。这种以科技进步为支柱的社会分工与社会联系的互动机制和趋势，是社会化生产内在的对立统一运动，是它的本质特征，也可以说是它的基本规律（简称"分联结合规律"）。

社会分工之间通过什么形式联系起来形成社会生产过程呢？主要有两

---

① 列宁．列宁全集：第1卷．3版．北京：人民出版社，1995：42.

种形式：一是生产单位之间的协作、联合和集中，二是产品交换及其总体流通过程。而社会分工之间联系的更大量的形式，则是以产品为载体（商品）、以市场为桥梁的交换—流通过程。不仅从事专业化生产的各类劳动者实现多样化的消费要通过交换—流通过程，而且生产要素的组合和生产过程的衔接，在多数场合也是通过市场来实现的。这也就成为资源配置的过程。正如列宁所说："商品交换表现着各个生产者之间通过市场发生的联系。货币意味着这一联系愈来愈密切，把各个生产者的全部经济生活不可分割地联成一个整体。资本意味着这一联系进一步发展"①。商品经济伴随着社会化生产的提高、扩展而发展着，同时又推进着社会化生产力的发展。从总体上看，市场经济是社会化生产的构成要素，是实现社会化联系的基本形式。没有社会化生产就没有市场经济；没有市场经济也就难以构建社会化生产。二者的不解之缘根植于生产和交换两大经济坐标交互作用构成的整体运动，这种运动本质上是一个自然过程。

概括起来说，商品经济的生产力属性（确切地说，社会化生产力的属性）表现在以下几个方面：(1) 产品交换实质上是超出个体直接生产范围的劳动交换的一种形式，是"在生产本身中发生的各种活动和各种能力的交换"之一种高级形式，只是物化为成品，从社会范围说也"从本质上组成生产"。(2) 生产消费范围内的交换，"实业家之间的交换"（即生产企业之间的交换），是"用来制造供直接消费的成品的手段"，并载送生产要素的重新组合，"在这个限度内，交换本身是包含在生产之中的行为"。②"流通过程是总再生产过程的一个阶段"③，即使是消费品的交换也属于广义的社会生产过程，"交换的深度、广度和方式都是由生产的发展和结构

① 列宁．列宁全集：第23卷．2版．北京：人民出版社，1990：46.

② 马克思，恩格斯．马克思恩格斯全集：第46卷上．中文1版．北京：人民出版社，1979：36.

③ 马克思，恩格斯．马克思恩格斯全集：第48卷．中文1版．北京：人民出版社，1985：414.

决定的”[①]，而且是再生产的一个前提条件。这种以社会化生产为基础的中介生产和消费的实现过程，构成其总过程的一个环节，它不因生产关系变更而消失，其自身乃是一个自然的经济过程。（3）广义的交换—流通过程必须包括物流、人流、信息流、技术流、资金流等，其载体是交通和通信，马克思将运输称为“商品在空间上的流通”，“它表现为生产过程在流通过程内的继续，并且为了流通而继续”。[②] 事实上，没有交通运输也就没有跨越空间的交换—流通过程。列宁早已把交通运输等划入流通领域。而广义流通的载体和手段正是生产力的重要组成部分，也是社会化生产总体的要素。商品经济赖以运行的载体交通、信息、服务等组成网络经济，属于生产力范畴。所以，应当重新理解马克思所说的“交换当然也就作为生产的要素包含在生产之内”[③] 的观点，重新认识商品——市场经济同社会化生产的联系及其生产力属性。

商品经济的生产关系属性，是大家熟知的，即交换中形成的利益关系。这里需要纠正一种观念，即认为市场经济的所有制基础只有私有制。这是不全面的，只能说后来变成以私有制为主体了。事实上，公有制或共有单位作为交换主体的经济行为就一直存在，例如，原始社会末期首先是以公社为单位发生交换的，在以后的社会形态中都有一些国有或集体单位之间的交换关系，到资本主义则有各种类型的国家资本主义、作为社会资本形式的各类股份制企业。只是那时这种公有或社会资本单位尚未成为交换经济的主要载体。但不能得出必须是私有单位方可交换的结论。马克思把商品交换的基础之一视为“私人劳动”，但“私人劳动”并不等同于私有制。实质上，它的基础在于生产者劳动利益的互相尊重（企业作为独立

① 马克思，恩格斯. 马克思恩格斯全集：第 46 卷上. 中文 1 版. 北京：人民出版社，1979：36.

② 列宁. 列宁选集：第 3 卷. 2 版. 北京：人民出版社，1995：507－508.

③ 同①36.

的利益单元），即发生等价交换关系，并在复杂的市场关系中形成各色各样的利益形式和利益集团。事实表明，公有企业作为市场经济的一个主体，完全可以参与乃至主导交换关系。而这些利益关系也同所有制关系结合在一起（包括个人所有、集团所有、国家所有），既受所有制关系的制约，又影响所有制关系，进而同分配联结起来，以至形成多种多样的分配形式和分配手段。我们认识商品—市场经济生产关系属性时，应区分三个层次：一是基础的共性层次即不同劳动单元之间的等价交换原则；二是在市场关系中派生的层次（如各种利益共同体）；三是同各种所有制关系及分配关系结合、渗透中产生的特殊的分配形式和手段（市场中的再分配，如价格的功能）。事实上，市场经济并不是独立的生产关系形态，它总是在一定的生产关系形态中运行，它所表现的联系属性多半是与该形态的所有制关系及分配关系交融在一起，只是程度不同而已。在市场经济发展的初始阶段（前资本主义），它同当时的主导经济制度（奴隶制、封建制）呈现附属、并存和少量溶解的关系；在市场经济达到普遍化时，它同资本主义所有制关系则成“化合”的状态，渗透其骨髓和神经。归根到底，这种结合程度的区别也是由生产的社会化程度及其地位决定的。

综上所述，商品经济既有生产力的属性，又有生产关系的属性。前者是自然的属性，后者是社会的属性。两重属性的矛盾统一，构成商品经济的本质，也是它的巨大活力所在。

实事求是地看，关于商品—市场经济同生产社会化（分联结合）的内在联系和由此派生的二重性的观点，符合历史和现状的实际，可以说是认识许多近现代经济范畴特别是社会主义经济运行的一把钥匙。诸如市场、计划、货币、资本、平均利润、生产价格、经济核算、信贷与银行、国际分工与国际经济合作等，都具有二重性，皆源于生产社会化的复杂运行体系，社会主义和资本主义都可以而且必须运用，并非资本主义制度的专利。简言之，只要存在着社会化生产和利益单元，就必然存在市场经济，这是社会主义公有制与市场经济结合的根基所在。

历史表明，交换方式（市场经济是交换关系的总和，属于交换方式的高级形式）同生产方式同属于社会经济的基础，并且紧随生产方式转换，其社会属性取决于生产方式。因此，对于社会的基本矛盾应做新的概括。

现在用生产方式与交换方式相互关系的观点来观察社会主义的基本矛盾，也应当加上交换方式的内容，即为社会化生产力与社会化生产关系以及生产方式与交换方式的矛盾、经济基础和上层建筑的矛盾。生产方式与交换方式的对立统一是基本矛盾不可缺少的一个关键环节。

有人说，市场经济是从西方学来的。对此应加以澄清。我国在改革开放中实行的不是一般市场经济或资本主义市场经济，而是特殊的“社会主义市场经济”，即社会主义基本经济制度与市场经济相结合，社会主义制度利用“市场经济”手段发展经济。人们还记得，在当年我们党提出社会主义市场经济时，西方经济学界一片哗然，认定市场经济与社会主义根本不相容，甚至说像油和水一样不能溶合，连英国前首相撒切尔夫人都站出来反对。时至今日，新自由主义者仍然顽固地坚持中国的市场经济必须以私有制为基础，以市场化作为私有化的突破口，“化”掉社会主义基本经济制度和共产党的领导地位，按西方模式全面改变中国的社会性质。这同马克思主义政治经济学确实水火不容。恩格斯曾经多次阐明生产和交换犹如互相作用的两大坐标，生产方式和交换方式是社会经济的基础。生产方式的性质决定交换方式的性质。市场经济正是交换方式的总和，它的性质取决于生产方式，马克思在《资本论》中特别指出这一点。① 列宁曾尝试运用市场方式发展社会主义经济，邓小平进一步总结国内外经验，提出计

① 马克思．资本论：第1卷．2版．北京：人民出版社，2004：136.

划与市场都是手段，社会主义和资本主义都可以利用。这是马克思主义政治经济学的新观点，并非来自西方资产阶级经济学，而且恰好“市场经济”这个概念最早也是列宁提出的。① 即使在运作方法上，我们与新自由主义也有根本的区别：新自由主义膜拜的是市场万能论，美国经济学家斯蒂格利茨称之为“市场原教旨主义”；我们的社会主义市场经济则运用计划（政府）与市场两只手，“使市场在资源配置中起决定性作用和更好发挥政府作用”，即微观上放开，宏观上管住，而不是片面地只要一只手。这充分表明，我们改革开放的主流经济学根本不是什么新自由主义，而是在当代发展了的中国化的马克思主义政治经济学。

三、活力之源：市场经济的一般规律和机制

市场经济是交换关系的总和。“生产以及随生产而来的产品交换是一切社会制度的基础”。交换关系也是人类社会的基础关系。“生产和交换是两种不同的职能”，“这两种职能在每一瞬间都互相制约，并且互相影响，以致它们可以叫做经济曲线的横坐标和纵坐标。”② 这表明交换关系同生产一起是经济生活的根本因素，是任何除绝对封闭型经济以外的社会所须臾不可离开的，也是生产社会化的联系枢纽。市场经济是发达的交换关系总体，是生产社会化重要的集中领域，成为社会配置资源的基础机制，所以，应当首先认识市场经济的一般规律，进而弄清一般市场经济和社会主义市场经济的联系和区别。

市场经济的发育成长大体有四个阶段：（1）简单商品经济或市场经济

---

① 列宁．列宁全集：第13卷．2版．北京：人民出版社，1990：124.

② 马克思，恩格斯．马克思恩格斯文集：第9卷．北京：人民出版社，2009：153.

雏形阶段，最早产生于原始社会末期的偶然交换关系，到奴隶社会形成初级的地方性小型市场，进入封建社会后期市场规模逐步扩大，但都附属于主体社会；（2）市场经济成熟阶段，即自由资本主义时期，资本主义市场经济占主导地位，并开辟了世界市场；（3）发达市场经济阶段，即垄断资本主义时期，乃至金融统领整个经济，形成全球化趋势；（4）社会主义市场经济阶段，可谓市场经济的最高阶段。

市场经济的运行结构（从成熟阶段开始），大体有四个基本层次：（1）基层组织是承担一定社会分工职能与个体利益的经营体，即企业形式；（2）承担交换职能的中介联接体，即市场；（3）承担调节个体与整体相互关系的宏观调控组织，即政府；（4）最终端是消费者，是生产品的归宿和最终拉动力。市场经济犹如一个有机体，由器官、循环系统和中枢神经系统组成（由各类细胞组合为载体）。但它包括一个成长过程，其初级形态只有前两个层次，而且规模小、功能不完善；其成熟形态，由于交换中枢（市场）形成社会规模，需要政府的保护与少量的调节；其发达形态，基于基层组织（企业）在市场中相互矛盾的增多，市场需要秩序和调节，也就要进一步强化和完善政府功能，此阶段是经历很长的发展过程后才渐渐完善的，即20世纪30年代的“凯恩斯革命”后形成的宏观经济学，但自发性仍然是其最重要的特征。真正健全的市场经济的“神经中枢”具有社会主义市场经济的特征，是完善意义上的市场经济运行结构，所以社会主义市场经济被视为最高形式的市场经济。

基于市场经济的特点，其一般规律主要有以下几条：（1）价值规律为基本规律，体现最核心的关系，支配其他规律；（2）供求规律反映有效生产与消费需求之间的矛盾，也表现各个经营主体之间的矛盾状态及其产生的动力；（3）竞争规律，表现各个经营主体之间的矛盾状态及其产生的动力；（4）价格规律，价格是价值的货币表现，反映价值规律、供求规律、竞争规律的交互作用，也体现市场经济再分配的功能，价格是市场的晴雨表，牵动整体经济；（5）资源配置规律，以利益为驱动力、以价格为信号，形成各种资源组合的形式，进而由各类企业组成各类产业之间的变动，并呈现优胜劣汰的动力。以上主要经济规律组成所谓“看不见的手”，即不以人的意志为转移的一种无形力量，推动着经济在波动起伏中发展。这种自发波动，在资本主义经济中产生了周期积累过剩的经济危机，这是它特有的规律。

商品—市场经济的活力在哪里？在于它是一个机制的集合体。（1）联系的机制。以分工和社会化生产为基础的市场经济，其最基本的功能在于“联系”。如果说自然经济是封闭的孤立的经济，计划经济实际上为放大了的自然经济，那么，市场经济则是开放的、联系的经济。市场经济越发达，这种经济联系越普遍、越密切。它的基本联系对象是供给和需求两侧。（2）核算机制。商品生产面向市场，因此它的产品质量、品种和成本要受到社会的核算，首先是地方市场的核算，其次是国内市场的核算，最后是国际市场的核算。这种市场的核算作用，就是节约规律、价值规律和供求规律在社会化生产中的表现。（3）激励机制。就是经济利益对生产者和经营者的激励作用和体系。市场经济的功能之一，是能够沟通经济效益与经济利益之间的联系，使经营者的收入与他们创造并得以实现的价值直接挂钩，成正比关系。（4）竞争机制。竞争是一种市场关系。有市场经济就一定有竞争。市场竞争对于每个企业来说，既是外在的压力，又一定会变成内在的动力，促使企业通过采用先进技术、更新设备、改善工艺和管理、发展联系等来降低消耗，提高产品质量，开发新产品，调整价格，改善服务，争得信誉。（5）连动机制。这是由社会和经济联系作用所产生的连锁反应、因果互换的运动系统，特别是不断扩大的需求拉动。一个环节的突破可能牵动其他一系列环节，使发达的商品经济成为扩大再生产型的经济，对技术进步不断产生拉力，形成加速反应，反过来推动市场经济更加发达。当代高新技术的飞快发展，正是市场经济推动的结果。（6）资源配置机制。上述机制的合力能够合理地分配、优选、淘汰、组合各种生产要素，形成更有效率的生产、流通、消费的配置结构。资源配置机制就是价值规律、供求规律、价格规律的交互作用，以价格为主要信号，经营者积极寻找更有效益的方式，使各种要素能够最佳组合，避免人们主观计划带来的盲目性投资和不计成本的行为。市场配置资源与计划配置资源相比更具有客观性，以追求高效为目标，避免僵化、停滞、封闭和大规模的社会浪费和产业结构的畸形化（计划的盲目性会造成更严重的浪费），也有利于促进人民生活的多样化，促进生产和消费联接，有利于实现社会再生产的良性循环。所以，市场发挥决定性的资源配置作用，更能推动生产力的发展和新陈代谢。（7）优选机制。这是指社会化生产力通过市场经济中介，促进所有制具体实现形式的优化。

我们讲市场经济要尊重自然历史的作用。光靠生产力、生产关系不行，缺乏一个关键环节即交换，没有交换经济活不起来，只有经过交换才能变成社会化生产，才能把经济搞活。同时商品经济生产关系的属性，就是利益关系，过去认为商品经济的产生是基于社会生产和私有制两个因素，现在来看商品经济的产生也有公有制基础，原来最早有部落交换后来才出现了私有制，说明奴隶社会和封建社会也有公有经济的交换。商品经济产生交换是社会分工这没有问题，但是并不完全是私有制，并不是现在建立的社会才有公有制之间的交换，现在社会主义条件下企业有独立的利益，有分工承担的任务，也有经济核算，列宁最早提出“经济核算”正因为有利益关系才有价值。企业有独立利益就要计价，张宇教授关于这一点论述得很好，有独立利益才能进行交换，总体是两个社会化：一个是生产力的社会化，一个是生产关系的社会化。这是公有制，公有制社会化并不是没有独立的利益，它需要分配利益的形式。这里我想提出一个问题给大家讨论："过去认为社会的基本矛盾是生产力和生产关系的矛盾，到社会主义也是如此，对不对?"原则上讲也对，但是忽视了交换方式，我认为它应该是社会化生产力和生产关系以及交换方式，不要忽视交换方式，交换方式非常重要。

为更自觉地运用和驾驭好社会主义市场经济规律，必须看到市场经济的严重缺陷和存在的各种风险，即把握好它的两重性。一方面它有巨大活力（前已论述）；另一方面也存在严重缺陷。缺陷主要表现为：(1) 市场经济是基于个体本位追求利益最大化的，必然具有自发性、短期性、过度竞争的危害性、大起大伏的周期性，乃至同国际经济波动相联系的特征。(2) 由于价格信号往往不能完全反映长期的供求关系，特别是信息不对称带来信号的虚假性，资源配置又会出现很大的盲目性，出现产能过剩、产品过剩。(3) 由于追求利润最大化，一些市场主体不能保证产品质量，常常损害资源合理利用，损害消费者利益和社会利益，特别是破坏生态环境，造成综合效益的丢失和资源浪费，乃至周期性综合经济危机。(4) 由于商品拜物教的泛滥导致伦理危机，造成"一切向钱看"的社会风气，助长人们为赚钱而不顾社会利益、为私利加剧信用缺失与诈骗行为泛滥，造成诸多药品、食品、环境、安全等社会问题。(5) 更为严重的是单靠市场自发调节，必然产生和加剧两极分化，资本主义就是凭借市场经济的"风力"发展起来的。由此还必然会产生破坏市场正常秩序本身的"第三只手"（相对于正常的"两只手"而言），形成黑恶势力、垄断集团，以至各种犯罪的社会团伙。对此我们要保持清醒的头脑。

为弥补其重大缺陷，在利用"看不见的手"（市场自发配置资源）的同时，还需要发挥政府的宏观调控作用，又产生另一只手，即"看得见的手"。西方经济学说经过了两个历史过程：18 世纪亚当·斯密提出"看不见的手”的论点，形成古典自由主义；20 世纪 30 年代发生世界经济危机之后，出现了凯恩斯主义，主张政府干预。从生产社会化规律考量，宏观调控是发达市场经济必备的功能，不是另外附加的东西，“两只手”缺一不可。但是在资本主义市场经济下，它仍然解决不了生产社会化和私人占有的矛盾，从而也不可能协同“两只手”，总是跛足运行，危机不断发生，也不可能克服市场经济的其他缺陷。

新自由主义是一种集中反映资本主义市场经济缺陷的意识，代表大资产阶级的利益。比如，“经济人”即自利人，人性是追求私利的。这是资产阶级经济学的逻辑起点。20 世纪中叶兴起的以哈耶克为代表的新自由主义发展到极致，形成“市场原教旨主义”（斯蒂格利茨语），从某种意义上看也是对凯恩斯“经济学革命”的否定。由于英美大金融资本寡头的需要却使它成为统治者意识，变成思想垄断工具和政策指针。现代国际超级垄断资本主义已经把它变为侵略和统治世界的意识工具，可谓新帝国主义特征之一。由于它过分自由地违反经济规律，最终引发国际金融危机，2008 年始于美国并殃及世界的金融危机，致使各国经济至今疲软，复苏乏力，市场萧条长达七年之久。连西方经济学家都认为新自由主义惨败了。因此，我们一定要注重防范金融风险，尤其是系统性金融风险。

四、驾驭之力：自觉掌握社会主义市场经济的特殊规律

第四个问题涉及“社会主义经济的性质和特殊规律”，社会主义市场经济有没有不同？有没有特殊属性？中国人民大学有一个老教授搞了一辈子马克思主义，后来转向新自由主义。他说市场就是市场，铁路就是铁路，还能分社会主义铁路还是资本主义铁路吗？我一听好像有道理，但是

实际上他的说法是错误的。首先，犹如人与石头是两类根本不同的东西，怎么能类比呢？其次，即便铁路是工具也要看掌握在谁的手里，铁路掌握在人民手里就是社会主义。上面那种说法本身就是错误的。首要的一条就是所有制关系，就是市场主体，资本主义市场经济的所有制基础是资本主义所有制，特别是大垄断资本主义，它的交换是不等价交换，是为资本家赚钱；社会主义市场经济具有决定性的最重要的基础是公有制，公有制是基本制度的主体，国有经济是第一主体。国有经济影响和控制了我们的经济命脉，影响了整个社会经济类型，它为共同富裕服务。所有制不是唯一的因素，决定市场经济的还有其他的因素，所以要寻找社会主义市场经济的特殊规律，毛泽东在《矛盾论》里面就讲到了要掌握矛盾的特殊性。

社会主义市场经济之所以能够被称为最高形式的市场经济，是因为它既能够充分发挥市场经济的优势，又能有效克服它的缺陷，使得社会化生产力和社会化生产关系有机结合，发挥基本经济制度和市场经济的两种优势，并形成合力。为此，就必须在利用市场经济规律的同时，认识和驾驭社会主义市场经济的特殊规律。

最早对社会主义市场经济特殊规律进行探索的是邓小平。邓小平晚年经过长时间的观察、思考，做了下面的表述：社会主义市场经济的优越性在哪里？就在四个坚持，四个坚持集中表现在党的领导。这实际上是对社会主义市场经济的性质做了明确的界定，也可视为社会主义市场经济特殊规律的内涵。

这可概括为四个结合：**第一，市场经济必须与社会主义基本制度结合。**邓小平多次强调必须坚持公有制为主体，多种经济成分并存，坚持共同富裕，不能搞两极分化。国有经济为“第一主体”。从一般意义上说，现代企业是现代市场经济的主体，即供给主体、需求主体、投资主体、利益主体、产权主体，从而也必然是交易主体、竞争主体和自我调节（微观调节）主体。在资本主义国家，资本主义私有制企业（包括以私有的大资本股为主的股份制企业）是市场经济的主体。在我们社会主义国家，在多种经济成分中，公有制企业为市场经济的重要主体。而国有企业是公有制经济的主干，它应当成为社会主义市场经济的第一主体。就是说，它的主体地位高于其他公有制企业，起着主导作用。离开了公有制的主体地位，单纯而笼统地讲市场经济，必然走向私有化，势必改变基本经济制度，滑向资本主义经济制度。**第二，市场经济必须同人民民主政权结合。**一是政治方向、社会治理以及生态环境等，受人民政权的全局规导；二是经济上受人民政府的宏观调控。邓小平所说的计划与市场都得用，这就是党的十八届三中全会要求的“更好发挥政府的作用”。社会主义应当把宏观调控放在导向地位，防止和克服市场经济的种种缺陷，使市场有序进行，而不能搞乱。多年来证明（特别是应对世界性经济危机），我国经济的计划性和科学的宏观调控是保证社会主义市场经济顺利发展和运行的基本条件。**第三，市场经济必须和党的领导结合。**党领导一切，同样也要领导市场经济，把握它的方向。邓小平在论证社会主义市场经济时，就明确地说：“我们在改革开放初期就提出‘四个坚持’。没有这‘四个坚持’，特别是党的领导，什么事情也搞不好，会出问题。出问题就不是小问题。”① 对此，习近平同志做了明确的论述：“坚持党的领导，发挥党总揽全局、协调各方的领导核心作用，是我国社会主义市场经济的一个重要特征。”② 这阐明了社会主义市场经济体制的政治特征，深化了社会主义市场经济理论。党的十八届四中全会强调：“党的领导是中国特色社会主义最本质的特征。”从经济层面上理解，可以说党的领导也是社会主义市场经济体制“最本质的特征”。**第四，市场经济必须和社会主义精神文明结合。**社会主

① 邓小平年谱（1975—1997）. 北京：中央文献出版社，2004：1363.

② 习近平. 习近平谈治国理政. 北京：外文出版社，2014：118.

义市场经济则把个人利益同社会利益、集体利益结合起来，受马克思主义、毛泽东思想、中国特色社会主义理论体系指导，形成社会主义价值观、社会主义市场伦理文化，必须始终反对新自由主义。

在30多年的实践经验基础上，习近平同志做了进一步升华，即将市场对资源配置起基础性作用的提法上升为发挥市场在资源配置中的决定作用和更好地发挥政府作用。处理好政府和市场的关系，是经济体制改革的核心问题。党的十四大提出建立社会主义市场经济体制的改革目标后，对政府和市场的关系，我们一直在根据实践拓展和认识深化寻找新的科学定位。党的十五大提出“使市场在国家宏观调控下对资源配置起基础性作用”，党的十六大提出“在更大程度上发挥市场在资源配置中的基础性作用”，党的十七大提出“从制度上更好发挥市场在资源配置中的基础性作用”，党的十八大提出“更大程度更广范围发挥市场在资源配置中的基础性作用”。党的十八届三中全会把市场在资源配置中的“基础性作用”修改为“决定性作用”，这是我们党对中国特色社会主义建设规律认识的一个新突破，标志着社会主义市场经济发展进入了一个新阶段。这个重要判断有利于在全党全社会树立关于政府和市场关系的正确观念，有利于转变经济发展方式，有利于转变政府职能，有利于抑制消极腐败现象。

切实发挥市场在资源配置中的决定性作用。市场决定资源配置是市场经济的一般规律，市场经济本质上就是市场决定资源配置的经济。理论和实践都证明，市场配置资源是最有效率的形式。必须不失时机地加大改革力度，坚持社会主义市场经济改革方向，在思想上更加尊重市场决定资源配置这一市场经济的一般规律，在行动上大幅度减少政府对资源的直接配置，推动资源配置依据市场规则、市场价格、市场竞争实现效益最大化和效率最优化，让企业和个人有更多活力和更大空间去发展经济、创造财富。健全现代市场体系，加快财税体制改革，加快金融体制改革，为优化资源配置、维护市场统一、促进社会公平提供制度保障。适应经济全球化新形势，加快培育参与和引领国际经济合作竞争新优势，加快实施自由贸易区战略，以开放促改革，构建开放型经济新体制。

要更好地发挥政府的作用。市场在资源配置中起决定性作用，并不是起全部作用，不是说政府就无所作为，而是必须坚持有所为、有所不为，着力提高宏观调控和科学管理的水平。更好发挥政府作用，不是要更多发挥政府作用，而是要在保证市场发挥决定性作用的前提下，管好那些市场管不了或管不好的事情。我国实行的是社会主义市场经济体制，仍然要坚持发挥社会主义制度的优越性、发挥党和政府的积极作用。科学的宏观调控，有效的政府治理，是发挥社会主义市场经济体制优势的内在要求。政府的职责和作用主要是保持宏观经济稳定，加强和优化公共服务，保障公平竞争，加强市场监管，维护市场秩序，推动可持续发展，促进共同富裕，弥补市场失灵。

要讲辩证法、两点论，把“看不见的手”和“看得见的手”都用好。政府和市场的作用不是对立的，而是相辅相成的；也不是简单地让市场作用多一些、政府作用少一些的问题，而是统筹把握，优势互补，有机结合，协同发力。要划清政府和市场的边界，凡属市场能发挥作用的，政府要简政放权，要松绑支持，不要去干预；凡属市场不能有效发挥作用的，政府应当主动补位，该管的要坚决管，管到位，管出水平，避免出问题。要善于运用负面清单管理模式，实行市场准入负面清单制度，只告诉市场主体不能做什么，至于能做什么，该做什么，由市场主体根据市场变化做出判断。要找准市场功能和政府行为的最佳结合点，切实把市场和政府的优势都充分发挥出来，更好地体现社会主义市场经济体制的特色和优势，努力形成市场作用和政府作用有机统一、相互补充、相互协调、相互促进的格局。

归结起来，社会主义市场经济的特殊规律可做这样的表述：在社会主义全面治理的框架内和公有制为主体的基础上，充分发挥市场配置资源的决定性作用和更好地发挥政府的作用，最大限度地利用市场正能量、抑制其负能量，使之协调、稳定地运行，并与科学技术结合，获取最大的综合效益，为发展社会主义生产力、实现共同富裕服务。如果让资源配置机制更加科学化、现代化，我们认为还应加上科技元素，构建“市场主导（方向）、市场主配（微观层面）、科技主引（引领）”的三元机制。

综上所述，市场经济是活力与缺陷的并存，权衡利弊，总是利大于弊。驾驭市场经济，必须兴利抑弊（根除是不可能的）。然而历史表明，资本主义制度不可能消除这一系列问题。而以共同富裕和人的全面发展为宗旨的社会主义，要正确利用市场经济，则必须从根本上形成“成套设备”（邓小平语），使之在完备的社会主义法制框架中运行，使之符合社会主义特性，实现整体长治久安。

党的十九大提出加快完善社会主义市场经济体制的任务：“加快完善社会主义市场经济体制。经济体制改革必须以完善产权制度和要素市场化配置为重点，实现产权有效激励、要素自由流动、价格反应灵活、竞争公平有序、企业优胜劣汰”。“全面实施市场准入负面清单制度，清理废除妨碍统一市场和公平竞争的各种规定和做法，支持民营企业发展，激发各类市场主体活力。深化商事制度改革，打破行政性垄断，防止市场垄断，加快要素价格市场化改革，放宽服务业准入限制，完善市场监管体制。创新和完善宏观调控，发挥国家发展规划的战略导向作用，健全财政、货币、产业、区域等经济政策协调机制。完善促进消费的体制机制，增强消费对经济发展的基础性作用。深化投融资体制改革，发挥投资对优化供给结构的关键性作用。加快建立现代财政制度，建立权责清晰、财力协调、区域均衡的中央和地方财政关系。建立全面规范透明、标准科学、约束有力的预算制度，全面实施绩效管理。深化税收制度改革，健全地方税体系。深化金融体制改革，增强金融服务实体经济能力，提高直接融资比重，促进多层次资本市场健康发展。健全货币政策和宏观审慎政策双支柱调控框架，深化利率和汇率市场化改革。健全金融监管体系，守住不发生系统性金融风险的底线。”

同时要警惕社会主义市场经济滑向资本主义市场经济。中央一再号召我们党要接受市场经济的考验，即使是社会主义市场经济，如果不掌握它的特殊规律，尤其是削弱党的领导和公有制经济的主导作用，它也会滑向资本主义市场经济、私有化。在这里，两种市场有一个共性与个性、通融性和排异性的关系问题。比如，有许多范畴成了共性的，“资本”最明显。原来资本专指私人资本，而在社会主义市场条件下则增添了“公有资本”，即增殖价值的价值属于公有，为公有制服务。而且私人资本与公有资本又是可以交换通融的，二者可以转换。这就增加了复杂性。可用图 1 加以说明。

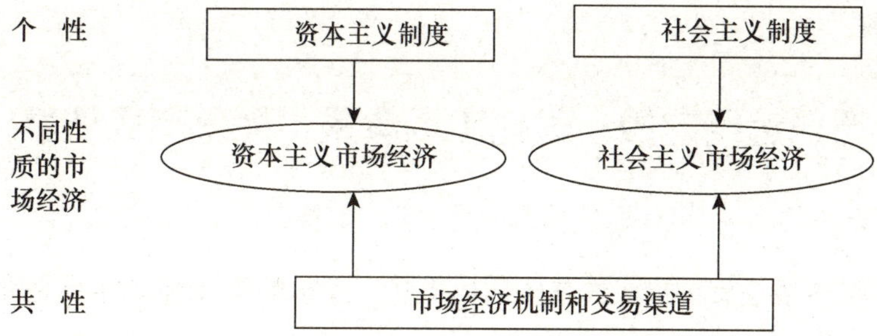

图 1　两种市场经济共性与个性的矛盾统一

共性是两种市场经济通融性基础，现阶段主要有五点：（1）机制相同；（2）手段工具相同；（3）存在大量私人资本（社会主义初级阶段）；（4）强大的国际市场影响力；（5）意识形态的某些融通。个性则是排异的基础，现阶段主要有四点：一是制度优势的主导作用；二是利益的抗衡力量（社会主义国家具有人民共同利益的强势）；三是日益雄厚的物质基础，主要是公有经济的实力；四是执政党和人民政权的坚定性和主观能动性。二者的通融性往往是自发的，排异性则主要靠“自觉”。目前通融性暂时占优势。如果中国的市场经济忘记了“社会主义”，就必然滑向资本主义市场经济。我国的新自由主义者往往大讲市场经济却不讲“社会主义”，不讲决定市场经济性质的那些因素，资本主义市场经济的因素就会无形中借机发酵，两类市场的相通性就会扩展资本主义个性，吃掉社会主义个性，特别是世界传统的市场经济势力十分强劲，社会主义市场经济正如社会主义国家会“和平演变”一样，它也可能在一定条件下演变为资本主义市场经济。胡锦涛同志和习近平同志特别强调，共产党人要受“市场经济的考验”，就是因为资本主义市场经济的一些消极因素的存在并在一定条件下滋长，如同“和平演变”的酵母，侵蚀我国的基本经济制度、基本政治制度和党的肌体，其风险是巨大的。我们必须自觉驾驭社会主义市场经济的特殊规律，既要让它同社会主义制度结合释放活力、动力，又要防止它在性质上的改变。这也是马克思主义政治经济学的新课题。

五、运用之妙：优化市场体系，优化市场秩序

市场体系是市场构成的具体结构形式，发达的市场经济体系是社会分工和社会联系的沟通的具体桥梁。社会主义市场经济要活而有序，也必须优化市场经济体系。

市场体系可按不同的标准划分。(1) 按交换客体的存在形态划分，有商品市场和服务市场（又称“劳务市场”）。(2) 按交换客体的用途或领域划分，可分为：①消费品市场（或称“生活资料市场”）；②生产要素市场（简称“要素市场”），包括生产资料市场、劳动力市场（含人才市场）、土

地市场、技术市场（含专利市场）、信息市场等；③金融市场，包括货币市场、资本市场（含证券市场）、保险市场、外汇市场、黄金市场等；④房地产市场；⑤产权市场。（3）按经济成分划分，可分为国有商业市场、集体商业市场、股份制商业市场、个体商业市场、外资商业市场、中外合资商业市场等。（4）按流通环节划分，有批发市场和零售市场。（5）按交易时序划分，有现货市场和期货市场。（6）按地域划分，有城市市场、农村市场以及不同地区的区域市场。（7）按新老形式划分，有传统市场和新兴的电子商务方式的虚拟市场（又称“无形市场”“网络市场”）。市场体系应当是一个具有开放性、统一性、竞争性和有序性的系统。一国的市场体系的健全、完整和发达，对实现资源的有效配置和整个经济的发展以及改善和提高人民的生活水平具有重要作用。

社会主义市场体系是各类市场组成的完整体系。但它不是各个独立的市场的简单相加，而是在社会总体交换过程中，各类市场相互依赖、相互渗透、相互制约、相互作用并按其内在联系而形成的一种有机结合。任何一部分或一个环节的脱节，都可能引起整个经济活动的阻滞和混乱。在整个市场体系中，消费品市场和生产资料市场是决定、影响其他市场的主体，其他市场都是在这两个市场的基础上发展起来的，当然其他市场对这两个市场也有重要的反作用，这种反作用在我国目前的经济活动中尤其突出。因此，培育和发展社会主义市场体系，要以全方位发展要素市场为重点，全面推进市场体系的发展和完善。

培育和完善市场体系，既要从内涵方面使各种市场发育更成熟，功能更完备，又要从外延方面尽快补缺、扩展，把原来没有的和不健全的市场建立和健全起来，并逐步向高层次发展。要扫除各种障碍，形成和完善全国统一市场。

依法治市，是一个经济运行和正当经营的重要保证，必须治理市场乱局，建立健全科学严密、活而不乱的市场秩序。构建和完善社会主义市场秩序，必须在遵循市场一般规律的基础上，贯彻社会主义的要求，运用法律、行政、伦理等手段多管齐下，使之活而不乱，有利于公平竞争，确保消费者利益。

在完善社会主义市场经济体系和健全市场秩序中，利用和掌握好金融是一个重要问题。金融是现代经济的中心，建立完备的金融体系，运用好金融之力，防范化解金融风险，特别是防范系统性金融风险是永恒的主题。西方的金融危机给我们提供了特别重要的警示。这里特别要强调深化改革金融体制和治理。

在坚持社会主义市场经济全面深化改革中，最艰难、风险最大的是金融体系的改革。习近平同志做出“金融活经济活，金融稳经济稳”的论断，指出了金融改革的方向。可以概括为四个方面的两分法：一是处理好金融与实体经济的关系，要始终全面为实体经济服务，不能搞自我循环。二是发挥作用与防范风险并重。金融是现代经济的中心，这是市场经济的一般规律，应使“金融成为资源配置和宏观调控的工具，成为推动经济社会发展的重要力量”，坚持以为实体经济服务为中心，发展普惠金融、科技金融、绿色金融；在全面做好金融工作的基础上，又要着力深化金融改革，加强金融监管，科学防范风险，强化安全能力建设，不断提高金融业竞争力、抗风险能力、可持续发展能力，坚决守住不发生系统性金融风险底线”，“打击逃废债行为，控制好杠杆率，加大对市场违法行为打击力度，重点针对金融市场和网络金融全面摸排和查处”。三是参与国际金融活动及竞争与防范国际金融风险外溢效应兼顾，这蕴含着要提防国外金融资本干扰的要求，因为国际金融垄断资本主义还有强大的冲击力，在世界金融领域的阶级斗争中，对社会主义国家有着很强的攻击力。四是处理好借鉴国外经验和坚持自己道路的关系。“发展金融业需要学习借鉴外国有益经验，但必须立足国情，从我国实际出发，准确把握我国金融发展特点和规律，不能照抄照搬。”就是创造中国特色社会主义金融体系及其监控机制。以上四方面两点论体现了一般规律与特殊规律的辩证统一。

为完善社会主义市场经济体制，还必须建立和完善现代财政制度。财政是社会主义国家的重要经济支柱，是客观调控的重要手段。财政作用的发挥，要围绕新时代社会主要矛盾来展开：一方面，人民日益增长的美好生活需要的满足离不开财政的支持；另一方面，不平衡不充分的发展问题的解决需要财政发挥重要作用。

公共服务实际上是一种公共消费。在现代社会，消费包括两部分，一部分是个人挣的钱用于消费叫作私人消费，另一部分是由政府财政提供的，叫作公共消费。从人类社会发展的趋势来看，公共消费的比重在不断提高。公共消费日益成为私人消费的前提条件和基础，没有公共消费，私人消费可能就没法实现。从发展的角度来讲，发展的不平衡不充分，体现于城乡之间、区域之间、总体局部之间，等等。财政是社会各种利益关系的交汇点和中枢，在解决发展不平衡不充分中发挥基础性和支撑性的作用。比如，通过建立权责清晰、财力协调、区域均衡的中央和地方财政关系，科学界定各级财政事权和支出责任，形成中央与地方合理的财力格局，加快推进基本公共服务均等化；全面实施绩效管理，提升公共服务质量和水平，提高人民的满意度；调整税制结构，逐步建立稳定、可持续的地方税体系。

财政要适应我国社会主要矛盾的新变化，贯彻新时代中国特色社会主义发展的战略安排，发挥其在优化资源配置、提供公共服务、调节收入分配、保护生态环境、维护国家安全等方面的职能，支持打好防范化解重大风险、精准脱贫、污染防治的攻坚战，深化供给侧结构性改革，助力转变经济发展方式、维护市场统一、促进社会公平正义。

财政制度体现政府与市场、政府与社会、中央和地方关系，涉及经济、政治、文化、社会和生态文明建设各个方面，是国家治理体系的基础性和支撑性部分。面对新时代新要求，必须加快建立现代财政制度，进一步健全财政体制、预算制度和税收制度，真正把财政在国家治理中的基础和支柱作用充分发挥出来，加快国家治理体系和治理能力现代化进程。①

最后，我讲一点关于进一步优化资源配置的想法。习近平同志讲："使市场在资源配置中起决定性作用，更好发挥市场作用"，又说"利用信息科技促进资源配置的优化"要注意解决市场价格的暂时性、虚假性、表面性，政府主要引导方向，而市场在资源配置中起基础性作用。政府的作用是什么？就是"放、管、服"，要严厉治理市场乱象，科技指引要往深处引导，要利用信息完善市场。社会主义市场经济怎么防止资源错配？我们的股市是不是要照搬资本主义的那一套？我们的管理方式是不是一样？配置机制最重要的是灵活性，优化配置资源的对立面是资源错配，这在资本主义国家很常见，我们国家现在也要防范资源错配问题，我认为这需要政府、市场、科技三个机制共同发挥作用。

---

① 曾金华．加快建立现代财政制度．经济日报，2017-11-10.

中国特色社会主义政治经济学之经济发展理论的创新

洪银兴

中国特色社会主义道路自信、制度自信、理论自信的集中体现应该是构建并且形成共识的理论体系，即构建出中国特色社会主义政治经济学。中国特色社会主义政治经济学不仅要对中国特色的社会主义经济制度进行概括，也要对中国特色社会主义发展道路进行概括。

一、关于中国特色社会主义政治经济学理论体系建设

中国的社会主义政治经济学理论体系当中要不要包括经济发展理论？大家都知道，在研究经济发展问题上，有一门发展经济学，发展经济学能否包含中国的经济发展？我认为发展经济学是一门非常重要的学科，但是发展经济学不可能包括我们中国的经济发展的所有方面，因为中国的发

展、中国的故事都需要用中国的理论来讲，而且中国的经济发展不仅仅是发展问题，同时也包括中国经济制度、中国经济关系，所以应该是从政治经济学的角度，从经济制度、经济关系和生产力的发展角度共同研究经济发展问题。现在有许多不是马克思主义经济学的学派也在关于中国的经济发展这个领域争夺话语权，我认为我们的政治经济学不能放弃这个领域，一定要在这个领域有我们自己的话语权。如果政治经济学只讲生产关系不讲生产力，这是不应该的。政治经济学既要讲生产关系也要讲生产力，既要讲经济制度的优化也要讲经济发展，所以马克思主义政治经济学要进入发展领域并且应该成为主流。我觉得发展问题的研究应该成为政治经济学研究的一个重要方面，这也是我今天要特别强调的。

中国的经济发展理论必须讲中国故事，体现中国智慧。社会主义中国从一个极其落后的半殖民地半封建社会到现在成为世界第二大经济体，即将全面建成小康社会，并且逐渐成为世界经济的动力源，经济上的成功彰显出中国特色社会主义政治经济学的贡献。根据马克思主义立场观点方法结合中国实际产生的中国特色社会主义政治经济学对世界做出了重大贡献。

关于中国特色社会主义政治经济学的学科定位，大家都在讨论和编写。什么是中国特色社会主义政治经济学？它同我们过去一直讲的政治经济学的社会主义部分、政治经济学的资本主义部分有什么差别？我认为整体上应该是同一个学科，但是区别在于中国特色社会主义政治经济学是对中国特色的社会主义经济制度、经济发展道路进行理论概括的系统性的经济学说。

昨天我拜访了我的老师卫兴华教授，他问我“中国特色社会主义政治经济学同当代中国的马克思主义政治经济学有没有区别”。大家想想这个问题。我认为当代中国的马克思主义政治经济学就不应该只有社会主义，应该还有资本主义部分，这样才是一个完整的当代马克思主义政治经济学。中国特色社会主义政治经济学第一是中国的，第二是社会主义的。所以我在这里将它概括为中国特色社会主义经济制度、经济发展道路的系统概括，本质上是属于当代中国马克思主义政治经济学。

中国特色社会主义政治经济学在阶段性上的学科定位分生产关系和生产力两个方面的定位，在生产关系上是属于社会主义初级阶段的政治经济学，在生产力上属于中等收入发展阶段的政治经济学。我认为任何一个学科都要注意它所处的发展阶段，我们国家已经告别了低收入阶段进入中等收入阶段，这时候的政治经济学应该反映中等收入阶段的生产力的发展。

对中国特色社会主义政治经济学的功能定位如下：第一，它提供一种意识形态，分清社会主义和资本主义，但它不仅仅是意识形态，还提供了基本的经济学理论。一讲主流经济学，有的人认为就是新古典经济学，但中国的主流经济学是什么？应该是政治经济学，政治经济学要成为中国的主流经济学，基本条件就是要提供基本的经济学理论。第二，它要提供思想教育教材，要解决社会主义制度自信、道路自信和理论自信，但它不仅仅是思想教育教材，还要为我们国家的经济决策提供理论指导，依据马克思主义经济理论提供经济决策、经济制度改革的理论指导。尤其要用政治经济学对宏观经济的调控提供理论指导。第三，它要批判非马克思主义经济思潮，但不仅仅是当批判家，还要成为中国特色社会主义的建设者。要依据政治经济学理论提出可行性政策研究、对策研究，这样一来才有政治经济学的地位。所以老说我们的政治经济学没有地位是不准确的，有位才能有为，反过来有为才能有位。中国特色社会主义政治经济学的研究目标就是解决有为才能有位的问题。

中国特色社会主义政治经济学的构建应该以人民为中心。为什么人服务？习近平总书记讲："是为少数人服务还是为绝大多数人服务，是必须搞清楚的问题。”大家都学马克思的《资本论》，其中多次强调经济学代表一定的阶级利益，现实的经济学确实有代表谁的利益问题，有的说代表企业家，有的说代表政府，有的说代表普通民众。说中国特色社会主义政治经济学单纯为哪一个利益集团服务都不准确，应该是为大多数人服务。中国特色社会主义政治经济学代表的利益就是人民的利益，我们的经济学也不应该被某一个利益集团捆绑，我们就是要以人民为中心。第一要以增进人民的福祉为目标，第二要以共同富裕为目标，第三要以人的全面发展为目标，这三个方面就体现了以人民为中心。

中国特色社会主义政治经济学为什么要研究经济发展问题？理论突破就是从生产力成为研究对象开始的。马克思主义经济学的基本范式就是研究生产力和生产关系的矛盾，研究对象和任务不同。面对资本主义经济，马克思主义经济学的任务是揭示资本主义被社会主义替代的必然规律，无产阶级夺取政权以后要尽可能快地增加生产总量，社会主义最终取代资本主义的表现是减少贫穷，使大多数人实现富裕。社会主义的本质就是解放和发展生产力，消灭剥削，消除两极分化，最终达到共同富裕。

下面我谈一下经济发展理论上的一些创新。习近平总书记在主持中央政治局集体学习马克思主义政治经济学时列举了一系列我们党的创新成果。中国特色社会主义政治经济学在发展方面的理论贡献有：一是将经济发展纳入中国特色社会主义政治经济学研究视野的理论；二是坚持和解决发展生产力是社会主义的本质要求的理论；三是中国特色社会主义的现代化发展理论；四是用好国际国内两个市场两种资源的理论；五是经济发展方式及其转变的理论；六是科学技术是第一生产力的理论，以及科学发展观、新型工业化和城镇化理论。党的十八大以来的经济发展理论可以概括为以下几个方面：经济新常态，创新驱动经济发展理论，五大发展理念，绿水青山就是金山银山的理论，供给侧改革的理论。

中国特色社会主义政治经济学体系如何构建？很多专家都在讨论这个问题，有的说按照马克思主义四环节来建，有的说按照马克思主义六册结构计划来建等，这些观点似乎都有道理，但能否按照这样的体系建设呢？我打一个问号，因为中国特色社会主义经济还在实践中，马克思写《资本论》花了40年，当时的资本主义经济关系都被他研究透了，这才形成他的体系，现在我们还在实践中，不可能形成一个非常完善的体系。中国特色社会主义政治经济学的理论体系的构建目前还只能是问题导向，解决当前重大的发展问题，我们还在实践当中，还无法形成一个非常完美的理论体系。

中国特色社会主义政治经济学的主线是什么？第一种观点认为中国特色社会主义政治经济学的主线就是社会主义市场经济，也就是以社会主义市场经济做主线研究中国特色社会主义政治经济学。第二种观点是以社会主义的本质为主线建立中国特色社会主义政治经济学。第三种观点是以发展生产力作为主线。可能还有其他观点。我的观点是中国特色社会主义政治经济学理论体系的构建就是要建立解放、发展和保护生产力的系统化的经济学说，这是我认为的中国特色社会主义政治经济学的主线。我的依据是什么？首先，邓小平认为不能只讲发展生产力，要把解放生产力和发展生产力两个方面讲全了。其次，习近平最近提出来“要牢固树立保护生态环境就是保护生产力，改善生态环境就是发展生产力”的理论。我把他们的观点结合起来，我认为中国特色社会主义政治经济学对生产力的研究有三个层面的内容：第一个层面是解放生产力，这是在生产关系的层面上根据我们国家所处的社会主义发展阶段推进改革开放，从根本上改变束缚生产力发展的经济体制。第二个层面是发展生产力，也就是说在生产力的层面上寻求发展生产力的动力，比如创新驱动、供给侧改革。第三个层面就是保护生产力，绿水青山就是金山银山。围绕这三个层面建立解放生产力、发展生产力、保护生产力的系统化的经济学说。

二、中等收入发展阶段的重大发展问题和新发展理念

习近平总书记提出“坚持问题导向是马克思主义的鲜明特点”。问题是创新的起点，也是创新的动力源，只有聆听时代的声音、回应时代的召唤，认真研究解决重大紧迫的问题，才能真正把握住历史的任务，找到发展规律，推动理论创新。这是总书记在全国哲学政治工作座谈会上的讲话，这是我们搞哲学社会科学研究的基本方法。2016 年中国的人均 GDP 已经超过 8 800 美元，不仅达到中等收入国家水平，已经达到上中等收入国家的水平。因此我们现在对中国经济发展问题的研究，应该从中等收入阶段出发。大家经常使用的一些发展经济学的教材都是针对贫困的低收入国家，而不是针对中等收入国家而写的。中等收入国家的发展问题、发展阶段、发展任务、发展规律均与低收入国家不同。

我们进入中等收入国家以后有四个重大的发展问题：(1) 发展方式的转变问题。大家所讲的“中等收入陷阱”就是指进入中等收入阶段以后，若发展方式还是低收入发展阶段的方式，就必然会陷入中等收入陷阱。我们现在研究中国的发展必须高度重视发展方式的转变问题。(2) 中高速发展的可持续问题。现在大家都谈新常态，说我们的增长由高速增长转向中高速增长，问题是中高速增长是否可持续？以前我国经济增长速度在 10%以上，现在我们的增长速度降到 8%以下，2016 年降到 6.5%，现在我们面临的最大问题是中高速增长能不能维持下去。习近平在关于十三五规划的中央全会上专门讲了一个观点：“我们要保证到 2020 年 GDP 要比 2010 年翻一番，人均收入要翻一番，底线就是 6.5%”。经济学要研究这种中高

速增长能否持续以及如何持续的问题，也即如何跨越中等收入陷阱问题。进入中等收入阶段以后，中等收入陷阱最大的威胁有三个：第一，收入分配差距已经达到了库兹涅茨倒 U 形曲线的顶端，我们的经济系数尽管有所下降，但是处于高位；第二，腐败指数也达到库兹涅茨倒 U 形曲线的顶端；第三，环境和生态的破坏也达到库兹涅茨倒 U 形曲线的顶端。如果这三个问题不能很好地解决，就跨越不过中等收入陷阱。这是我们现在进入中等收入阶段面对的重大问题。(3) 补齐发展的短板问题。经过改革开放 40 年的发展，我国国民经济的不平衡性已经比较突出，中等收入阶段需要解决好发展平衡问题。如果不解决这些问题，就谈不上进入现代化国家。

新的发展阶段产生新的发展理论。

第一是经济新常态理论。习近平总书记说："我国发展仍处于重要的战略机遇期，我们要增强信心从当前我国经济发展的阶段性特征出发，适应新常态保持战略上的平常心态。"首先我们要从战略机遇期的视角进行观察，不能只是把新常态解释为速度放缓，应该认为它是一种发展的机遇。我们要注意到习近平总书记在解释经济增长速度从高速转向中高速的变化时，明确解释为这是发展方式从规模速度型转向质量效益型。习近平总书记不仅讲了新常态的速度变化，还讲了另外两个常态——"结构优化常态"和"动能转换常态"。所谓结构优化指的是结构调整要从增量调整转向存量调整。现在我们强调"去产能、去库存"就是指存量调整，这比当年的增量调整难。另一个常态是动能转换，也就是我们讲的发展动力要从主要依靠资源和低成本劳动力等要素投入转向创新驱动。我们讨论经济新常态的时候不能理解为速度的减缓，应该从以上各个方面理解，这才是准确的理解经济新常态的方式。

第二是新发展理念。关于新发展理念首先要理解习近平总书记所讲的遵循三大规律的发展："发展必须是遵循经济规律的科学发展，必须是遵循自然规律的可持续发展，必须是遵循社会规律的包容性发展”。在这三大发展规律基础上提出五大发展理念，旨在建立系统化的中等收入阶段的经济发展理论。新发展理念是对中国特色社会主义政治经济学经济发展理论的重大贡献，而且新发展理念是对我们进入中等收入阶段以后回应一系列重大发展问题和发展难题的理论回答。把这些新发展理念贯彻到经济发展理论的构建当中必然推动一系列理论创新。

首先是创新。创新牵涉发展动力理念的创新，我们要从全球视角谈创新，现在科技产业革命蓄势待发，谁在创新上先行一步谁就拥有发展的主动权。我把创新发展概括为四个方面：第一，创新是引领发展的第一动力，是发展的基石，五大发展理念中创新是放在第一位的，而且是第一动能。第二，创新是转变发展方式的驱动力，包括驱动绿色化。第三，创新发展的核心是科技创新，我们国家的科技创新已经从跟踪转向跟踪和并跑、领跑并存的新阶段。第四，科技创新成为产业创新的动力，要解决好产业创新与科技创新的有效衔接，采取产学研协同创新方式研发和孵化新技术，形成大众创新、万众创业的氛围。

其次是协调。协调牵动发展的结构和战略领域的创新。协调发展的理念，要求产业结构、城乡结构、区域结构能够趋向均衡。协调发展的理念还要求我们的发展战略由不平衡战略转向平衡战略，我们由低收入阶段迈向中等收入阶段的发展战略基本是不平衡发展战略，现在我们要转向平衡发展战略。当前协调发展需要解决几个问题：一是“三驾马车”的协调问题，二是三次产业的协调问题，三是四化同步的协调问题，四是城乡区域的协调问题，五是经济社会的协调问题。

再次是绿色。绿色发展的理念实际上推动了财富理论的创新。传统的财富观只是指物质财富，从工业文明到现在，人类社会巨大的生产力创造了少数发达国家的西方式的工业发展，但是工业文明 300 年来对生态环境造成了巨大的破坏，现在已经威胁到人类生存和地球生物的延续。当前我们正在进入生态文明的阶段，从而提出了财富理论创新，要明确生态和环境也是财富，干净的水、清新的空气、绿色的环境是宝贵的财富，像习近平总书记所讲的“绿水青山就是金山银山”，讨论的就是生态财富。进入生态文明时代，中国的现代化道路要同西方国家的道路不同，我们不仅要获得更多的物质财富，还要获取更多的生态财富，推动绿色发展方式和绿色生活方式的发展。

然后是开放。我们过去参与的全球化基本上属于发达国家主导的全球化，从2008年金融危机到现在，特别是特朗普上台以后，全球化发生了根本性的变化。以前的一些政治经济学教材，以及现在的一些教材，都认为经济全球化就是资本主义的全球化。然而现在反全球化的恰恰是发达资本主义国家，过去它们靠全球化获取了经济增长的红利，现在又开始反全球化。例如，特朗普提出要买美国产品，雇美国人，要再工业化，要把走出去的美国企业搬回美国。这时候我们怎么办？我们谈开放要有新的理念，新的站位。中国成为世界第二大经济体以后，要从世界经济大国的地位出发。开放发展的理念要求我们由经济全球化的从属地位转变为主导地位，我们原来从属于发达国家的全球化，现在我们要主导全球化。相应的开放战略也要调整，可概括为三个方面：第一，要进一步提升国际竞争力，提高开放型经济的质量，国际分工要由比较优势转向竞争优势。20世纪90年代我写的一篇论文《由比较优势转向竞争优势》，就讨论了以竞争优势参与国际分工和竞争问题。这是我们开放战略的一大调整。第二，要依靠创新驱动攀登全球价值链的中高端。我们现在参与的全球化基本上靠比较优势嵌入全球价值链的中低端，要进入全球价值链的中高端就要谋求竞争优势。第三，要积极参与全球经济治理并取得制度性话语权。中国在世界经济当中的地位表现在我们开始参与并且主导全球经济治理。在G20峰会上我们提出了很多关于参与全球经济治理的话题，通过亚投行等一些路径积极参与全球经济治理，来提升我们的制度性话语权，同时发挥我国在经济全球化中的主导作用。我们在新的条件下谈开放已经不满足于利用两种资源两个市场的问题，我们要参与主导全球经济治理，要参与主导经济全球化。这是我们在新的背景下所谈的开放问题。

最后是共享。这是发展目的的理论创新。我们要最大限度地满足人民群众日益增长的物质和精神文明的需要。共享发展理念是中国特色社会主义的本质要求，体现了以人民为中心的发展，共享发展可以说是公平性发展、包容性发展。我们要在发展中共享，在共享中发展。谈到共享发展时，当前我们的研究有几个方面都会涉及：第一，明确消费对增长的拉动作用，要克服为生产而生产，提高人民群众的消费水平，提升消费力。第二，提高居民收入在国民收入分配中的比重。第三，在生产要素按贡献取得报酬的体制当中劳动者共享发展成果，需要通过教育公平等途径缩小各个参与主体所拥有的要素差距。促进劳动要素得到更高收入的一个办法是要使劳动者拥有更多的非劳动要素，劳动者拥有技术要素，同时创造条件让广大居民获得更多的财产性收入，通过这样的办法缩小差距。我们谈共享发展的基础是共建，人民是共享的主体，也是共建的主体，因此共享发展不能只是指望政府提供，现在大家都谈共享经济。共享经济即利用互联网平台的租赁经济，与共享发展的要求还是有区别的。

三、现阶段发展理论的创新

随着经济转向新常态，发展理论出现了一系列创新。熊彼特曾说："创新就是创造性毁灭"。进入现阶段后发展理论可能有很多方面要毁灭，要扬弃一部分在改革开放初期所推行的当时行之有效的发展理论，这就是创新的含义。

第一，发展理论任务的改变：由摆脱贫困的经济学转向富裕人民的经济学，发展理论由指导起飞转向指导现代化。以前我们以 GDP 增长为目标，用高投入来支撑经济增长，包括农业剩余劳动力转移都属于摆脱贫困的经济学。现在进入中等收入阶段后，发展理论要为基本实现现代化提供理论指导：一是指导转变发展方式，目标是要有能力在创新技术和产业方面与发达国家竞争；二是要富裕人民，包括提高人民收入，增加居民财产，使居民享有更多的公共财富，最终要实现共同富裕。

第二，发展引擎的转换：由外转向内。在低收入阶段发展引擎可以说是外向型经济。“亚洲四小龙”的成功主要依靠其出口导向和引进外资。改革开放以来，中国尤其是沿海城市的发展有几个阶段：第一个阶段是农转工，在农村推进工业化；第二个阶段是内转外，从内向型经济转向外向型经济；现在进入第三个阶段，即外转内，扩大内需。它的背景有三个方面：(1) 国际市场状况的改变。2008 年世界金融危机以后，欧美发达国家的经济放缓了，其市场收紧，一直到现在尽管美国经济开始复苏，但欧洲和日本的经济仍然萎缩，我们的主要出口市场受到很大影响。(2) 中国市场地位的提升。中国市场的规模已经相当大，总体规模进入世界前列。诺贝尔经济学奖获得者斯蒂格利茨说：“随着经济的增长和全球经济环境的变化，主要依靠出口和国外直接投资推动经济增长的战略的重要性将降低，同时中国面临着继续改善资源配置和生产力的挑战，应对这个挑战的对策就是要使国内经济成为增长和平衡的发动机。”(3) 内需的作用增强。进入中等收入阶段后，国内需求有巨大潜力和强大的引擎作用。首先，消费需求将成为扩大内需的重大支撑。其次，城乡发展一体化无论投资需求还是消费需求都会产生较大规模的内需。再次，产业结构的转型升级，不仅能够增强供给侧能力本身，也是扩大内需的重要方面。最后，解决国内地区之间发展不平衡问题，会形成多种层次的内需。我们国家地区差异非常大，多年来沿海地区的发展主要依靠海外，但沿海的发展对中西部经济发展的带动作用并没有如预期的那么明显。现在转向内需必然产生巨大需求。

第三，需求拉动力的调整：由投资拉动转向消费拉动。低收入阶段是高投资拉动，哈罗德-多马模型以 GDP 增长为目标，依靠投资拉动经济增长。进入中等收入阶段后，要转向依靠消费、投资、出口协调拉动，尤其是突出消费对经济增长的拉动作用。其必要性在于，首先，以增加人民收入、提高人民消费水平为导向，体现了经济发展目标的调整；其次，相对投资拉动，消费需求增长潜力更大，而且不仅仅体现在消费需求的总量方面，更重要的是体现在消费需求的结构方面。消费结构中的新的中高端消费，潜力巨大。转向消费拉动经济增长，前提是要拉动消费。对于拉动消费我强调三个方面。(1) 培育消费力，主要实现途径有：一是增加国民收入；二是稳定高就业率；三是社会保障全覆盖；四是在宏观国民分配中提高消费的比例，改善高积累低消费状态；五是扩大中等收入者比重并使中等收入者达到大多数。(2) 消费业态的创新，主要包括信息消费、绿色消费、住房消费、旅游休闲消费、教育文化体育消费、养老健康消费的创新。(3) 服务业的发展：借助互联网＋平台，网络消费和共享经济从广度和深度扩大消费领域。由投资拉动转向消费拉动，绝不是以消费拉动代替投资拉动，我们只是指过去投资拉动比重太大，很多投资拉动的经济是无效的，只有消费拉动的经济才是有效的。

第四，改革着力点的转向：由需求侧转向供给侧。现在我们大家都谈供给侧结构性改革，但不能认为我们没有需求侧的改革。从 1978 年开始的市场化改革就是需求侧改革，包括取消指令性计划，转向市场经济。需求侧的改革进行了40年后将重点转向完善需求管理。现在进入中等收入阶段以后，我们的结构性问题主要表现在供给侧。一方面，解决了温饱问题以后的居民消费需求开始转型升级，产生中高端消费需求；另一方面，生产和服务还停留在低收入阶段，单纯追求数量，不追求质量。当前结构性问题就突出表现为有效供给不足和无效产能过剩并存。我们讨论供给侧结构性改革时需要强调，“三去一降一补”是任务不是目标。目标是矫正要素配置的扭曲，扩大有效供给，提高供给结构的适应性和灵活性，提高全要素生产率，同时要培育新的动能，替代去掉的无效产能。我们要发展新经济，要激发新的活力，形成新的发展动能，这才是改革要解决的问题。

第五，增长原则的改变：由效率性增长转向包容性增长。在低收入阶段迈向中等收入阶段的过程中，强调效率优先、兼顾公平还是起到了积极作用。效率性增长主要表现在两个方面：一是强调效率，允许一部分人一部分地区先富起来；二是各种生产要素按贡献取得报酬，尤其是资本要素、技术要素、管理要素按贡献取得报酬。这样的分配方式同投资拉动型经济增长方式是一致的，它的正面效应就是充分发掘增长潜力。但是收入分配差距扩大到一定的程度会激化社会矛盾，经济增长会受到过大的低收入群体的抵制，陷入中等收入陷阱，这一定要引起我们的重视。比如在南非和阿根廷等一些国家，一边是高楼大厦，一边是贫民窟，虽然它们已经进入中等收入阶段，但是无法摆脱中等收入陷阱。这告诉我们：由低收入到中等收入的阶段主张效率优先，但是进入中等收入阶段后必须解决公平问题。所以我们现在要转向包容性增长，习近平总书记在G20杭州峰会上专门讲到“包容性增长”概念，要树立人民命运共同体意识，解决全球发展不平衡现象，使各国人民公平享有世界经济增长带来的利益。我们的包容性增长又有促进社会公平正义的要求。所以包容性增长最基本的含义就是可持续发展，共同参与发展，公平合理分享经济成果，缩小收入差距。

要克服权力不公平造成的分配不公平问题，劳动要素必须共享发展成果，让落后地区和农村地区都享受经济发展的成果。

第六，增长路径转变：由依靠物质资源投入转向创新驱动。经济增长有几个阶段：一是要素驱动阶段，二是投资驱动阶段，三是创新驱动阶段。在低收入阶段我们的经济增长主要靠要素驱动和投资驱动，进入中等收入阶段以后，这个驱动力就要调整。就要素驱动来说，物质资源和廉价劳动力的供给已经不足，低成本劳动力供给也不足。投资驱动主要靠国民收入分配中的高积累低消费，长期以来为了保证高投资高积累，宏观收入分配采取低消费。到了中等收入阶段，人民不可能长期忍受高积累低消费，这样的背景下我们的经济增长路径就只能转向创新驱动。创新由技术创新转到科技创新，一字之差反映创新的源头发生了变化。原来谈技术创新的时候，创新的源头是企业内部进行的研发，现在强调科技创新是因为创新的源头变为大学和科研机构进行的知识创新，谈科技创新而不是谈技术创新，是强调知识创新和技术创新的关系。现在谈创新是强调产学研系统创新，既然创新的源头为大学和科研机构的知识创新，那么创新成果的形成就必须要求科学家和企业家的协同、大学及科研机构同企业的协同，鼓励科技人员创业就是指产学研协同创新。

第七，发展战略改变：不平衡战略转向平衡战略。我们之前实行的不平衡发展战略，一是推进城市化和工业化，城市和工业优先于农村和农业而发展，二是实施各种地区倾斜的区域发展战略，三是对某些企业实行税收优惠政策。不平衡战略的正面效应是充分发挥了各个方面的潜力，在较短的时间内通过了发展的瓶颈，实现了跨越式发展。进入中等收入阶段以后出现了不平衡问题，短板开始显露：一是产业结构有效供给不足和产能过剩；二是在工农业关系方面，农业现代化滞后；三是在城乡关系上农村发展落后；四是在地区结构上中西部地区贫困问题突出；五是在增长和生态关系上生态破坏严重；六是在经济发展和社会发展关系上社会发展滞后。为了解决不平衡问题，就要通过平衡战略补齐短板，比如补农业现代化的短板，补社会发展的短板等。

第八，转变二元结构现代化路径。过去解决二元结构问题基本上是在“三农”之外解决“三农”问题。最著名的一句话就是：“以非农化解决农业问题，以城市化解决农村问题，以劳动力转移解决农民问题。”这就是在“三农”以外解决“三农”问题。虽然这些做法取得了一定效果，但是“三农”总是赶不上“非农”的发展，城乡差距、工农差距不是在缩小，而是进一步扩大了，农业成为“四化同步”的短板。我们要解决这些问题就要求农业农民农村直接成为现代化的对象和重点：一是发展现代化农业，引入现代生产要素，科技要素和人力要素；二是农民现代化，将城市要素、城市生活方式引入农村，从根本上改变农村的落后面貌；三是新型城镇化，城乡发展一体化，核心是人的城镇化，就是农民市民化，使农民享受城市文明。

第九，全球化地位的转变：由以比较优势融入全球化转变为以竞争优势主导全球化。一方面，现在全球化的态势发生了变化，与经济衰退相伴，以美国为代表推行的再工业化和保护主义实际上是反全球化。另一方面，我国已有的资源禀赋优势不再明显，如土地和劳动力在价值链的低端环节获取的报酬本来就很低，随着土地价格和劳动力价格的上涨，附加值进一步降低。我们要从比较优势转变到竞争优势。什么是竞争优势？首先，竞争优势更多地指向国家层面的开放战略，不排斥企业继续以比较优势参与国际竞争；其次，竞争优势理论把技术进步和创新列为思考的重点，着力培养以技术、品牌、质量、服务为核心的竞争优势；最后，竞争优势理论依据的是一国产业拥有与世界级竞争对手较劲的竞争优势。基于这些考虑，我国产业需要向全球价值链中高端攀升，争取在价值链中占据主导地位。

进入中等收入阶段后，发展理论的上述 9 个方面的创新表明发展经济学中的一些原理要改变，一些在改革开放初期行之有效的政策在当前需要做出调整。

中国特色社会主义政治经济学是当代中国的马克思主义经济学，要把解放、发展和保护生产力三个层面问题结合起来形成系统化的经济学说。用中国的理论讲中国的故事，用新的发展理论引领和推动中等收入发展阶段，这样，政治经济学的功能就可以放大，它不仅仅具有思想教育功能，还会指导企业经济决策以及国家经济政策的制定。

中国特色开放型经济理论研究纲要

裴长洪

把对外经济关系列为政治经济学的研究范畴，在马克思主义经典著作中有文献可考。马克思在 1857 年撰写的《〈政治经济学批判〉导言》中曾有这样的分篇结构设计："(4) 生产的国际关系。国际分工。国际交换。输出和输入。汇率。(5) 世界市场和危机。"① 他还说："我考察资产阶级经济制度是按照以下的次序：资本、土地所有制、雇佣劳动、国家、对外贸易、世界市场。"② 因此，改革开放前的政治经济学（资本主义部分）教科书一般都有资本主义世界市场和对外经济关系方面的内容。但是，社会主义政治经济学如何分析对外经济关系，很长时期是一个空白。进入 21 世纪后，党中央抓了马工程（全称为中国社会科学院马克思主义理论学科建设与理论研究工程）建设，出版了《马克思主义政治经济学概论》，我也参与了该书的修改。该

---

① 马克思，恩格斯. 马克思恩格斯全集：第 12 卷. 中文 1 版. 北京：人民出版社，1962：759.

② 同①7.

书第四篇论述了经济全球化和对外开放，应当说这填补了社会主义政治经济学在对外经济关系分析方面的空白，有很大贡献。但现在回头来看，这些论述不仅认识落后于实践，而且与习近平总书记关于马克思主义政治经济学建设的要求也差距甚大。不仅内容显得单薄，而且缺乏理论支撑，基本上只是叙述了经济全球化的内容和我国对外开放的必要性以及主要措施。

中国对外开放的伟大实践，其成功业绩举世公认，而社会主义政治经济学的主要任务则是发现和总结它的理论创新，使之升华成为继续指导实践发展的成熟理论。2015 年 11 月 23 日，习近平总书记在主持中共中央政治局第二十八次集体学习时指出，党的十一届三中全会以来，我们党把马克思主义政治经济学基本原理同改革开放新的实践结合起来，不断丰富和发展马克思主义政治经济学，形成了当代中国马克思主义政治经济学的许多重要理论成果。在这些成果中，他提到了关于用好国际国内两个市场、两种资源的理论。可以肯定，我国对外开放的长期实践中，已经产生了重要的理论创新成果，在中国特色社会主义政治经济学体系中应当有它的地位和内容。

我认为，中国特色开放型经济理论是我国对外开放长期实践的基本理论总结，在开放领域的各项理论创新成果中是概括性和纲领性的总名称，因此也是中国特色社会主义政治经济学在对外开放领域中的主要内容和理论分析架构，需要理论工作者加以论证和阐发。

一、中国特色开放型经济理论的形成过程

“开放型经济”是我国实行对外开放政策的必然结果。早在 1978 年 9 月，邓小平就提出要吸收外国资金、技术和管理经验，也要大力发展对外贸易，之后他经常重申这些主张。到党的十二大召开时，他正式提出了我国实行对

外开放的基本政策："独立自主、自力更生，无论过去、现在和将来，都是我们的立足点。""我们坚定不移地实行对外开放政策，在平等互利的基础上积极扩大对外交流。"① 之后很长时间内并没有"开放型经济"的提法，直到党的十四届三中全会才首次出现"开放型经济"这一新概念，全会提出"充分利用国际国内两个市场、两种资源，优化资源配置……发展开放型经济"②。当时提出这个概念所包含的主要内容是：首先是在区域上强调全方位开放，除了推进经济特区和沿海开放以外，还要着力推进沿边、沿江和内陆中心城市的开放；其次是深化外贸体制改革，加速转换各类企业的对外经营体制；最后是积极引进外来资金、技术、人才和管理经验。所以在那时，这个概念是若干工作任务的集合体，并非就是理论，但是已经有了新理念的萌芽，它经历了内涵不断丰富完善、理性概括层次不断升高、最后成为理论创新的过程。党的十五大报告进一步提出"完善全方位、多层次、宽领域的对外开放格局，发展开放型经济"③。对比过去，这里所说的"开放型经济"，增加了扩大服务贸易、积极参与区域经济合作和全球多边贸易体系、有步骤推进服务业对外开放、鼓励能够发挥我国比较优势的对外投资，更好利用国内国外两个市场、两种资源等新内容。2000 年，党的十五届五中全会再次提出"进一步扩大对外开放，发展开放型经济"，指出我国应充分利用加入世界贸易组织的发展机遇，并首次提出实施"走出去"战略，努力在利用国内外两种资源、两个市场方面有新的突破。④

党的十六大报告总结对外开放的成就时指出："开放型经济迅速发展，

---

① 邓小平. 邓小平文选：第 3 卷. 北京：人民出版社，1993：3.

② 中共中央关于建立社会主义市场经济体制若干问题的决定（1993 年 11 月 14 日中国共产党第十四届中央委员会第三次全体会议通过）.

③ 高举邓小平理论伟大旗帜，把建设有中国特色社会主义事业全面推向二十一世纪（1997 年 9 月 12 日江泽民在中国共产党第十五次全国代表大会上的报告）.

④ 中共中央关于制定国民经济和社会发展第十个五年计划的建议（2000 年 10 月 11 日中国共产党第十五届中央委员会第五次全体会议通过）.

商品和服务贸易、资本流动规模显著扩大，国家外汇储备大幅度增加，我国加入世界贸易组织，对外开放进入新阶段。”并指出未来五年开放型经济发展的重点是坚持“引进来”和“走出去”相结合。① 为了进一步发展开放型经济，党的十六届三中全会提出了“深化涉外经济体制改革”和“完善对外开放的制度保障”的改革任务。② 党的十六届五中全会提出的任务是，要推进“开放型经济达到新水平”，并首次提出促进全球贸易及投资自由化便利化和实施互利共赢的开放战略。③

党的十七大报告宣告，我国开放型经济进入新阶段，未来的任务是提高开放型经济水平，总的要求是，扩大开放领域，优化开放结构，提高开放质量，完善内外联动、互利共赢、安全高效的开放型经济体系，形成经济全球化条件下参与国际经济合作和竞争新优势。这里第一次提出了“开放型经济体系”的概念。④ 2010 年 10 月，党的十七届五中全会进一步提出“完善更加适应发展开放型经济要求的体制机制”，并首次提出“积极参与全球经济治理和区域合作”以及“推动国际经济体系改革”的主张。⑤

党的十八大对开放型经济有了更完整的表述：“全面提高开放型经济水平。适应经济全球化新形势，必须实行更加积极主动的开放战略，完善

① 全面建设小康社会，开创中国特色社会主义事业新局面（2002 年 11 月 8 日江泽民在中国共产党第十六次全国代表大会上的报告）.

② 中共中央关于完善社会主义市场经济体制若干问题的决定（2003 年 10 月 14 日中国共产党第十六届中央委员会第三次全体会议通过）.

③ 中共中央关于制定国民经济和社会发展第十一个五年规划的建议（2005 年 10 月 11 日中国共产党第十六届中央委员会第五次全体会议通过）.

④ 高举中国特色社会主义伟大旗帜　为夺取全面建设小康社会新胜利而奋斗（2007 年 10 月 15 日胡锦涛在中国共产党第十七次全国代表大会上的报告）.

⑤ 中共中央关于制定国民经济和社会发展第十二个五年规划的建议（2010 年 10 月 18 日中国共产党第十七届中央委员会第五次全体会议通过）.

互利共赢、多元平衡、安全高效的开放型经济体系。”① 对比十七大报告的表述，开放型经济体系的三个定语发生了调整和改变，“互利共赢”成为第一个定语，原来的“内外联动”改成了“多元平衡”，成为第二个定语。这种变化绝不可能是文字游戏，而是包含着复杂的背景和深刻的含义。党的十八届三中全会明确提出要“构建开放型经济新体制”，这是在继续扩大服务业开放和外资准入以及推出中国上海自由贸易试验区举措、加快自由贸易区建设和“一带一路”建设的重大背景下提出的任务。② 党的十八大以后，习近平总书记不断重申“中国将在更大范围、更宽领域、更深层次上提高开放型经济水平”③，并进一步主张“完善互利共赢、多元平衡、安全高效的开放型经济体系”④，并第一次提出了“共同维护和发展开放型世界经济”⑤ 的新理念。党的十八届五中全会提出：“必须顺应我国经济深度融入世界经济的趋势，奉行互利共赢的开放战略，发展更高层次的开放型经济，积极参与全球经济治理和公共产品供给，提高我国在全球经济治理中的制度性话语权，构建广泛的利益共同体。”并提出：“必须丰富对外开放内涵，提高对外开放水平，协同推进战略互信、经贸合作、人文交流。”⑥ 从 1993 年党的十四届三中全会第一次出现“开放型经济”的提法之后 20 多年来，伴随着我国对外开放

① 坚定不移沿着中国特色社会主义道路前进 为全面建成小康社会而奋斗（2012 年 11 月 8 日胡锦涛在中国共产党第十八次全国代表大会上的报告）.

② 中共中央关于全面深化改革若干重大问题的决定（2013 年 11 月 12 日中国共产党第十八届中央委员会第三次全体会议通过）.

③ 习近平同出席博鳌亚洲论坛二〇一三年年会的中外企业家代表座谈时的讲话. 人民日报，2013-04-09.

④ 习近平. 深化改革开放，共创美好亚太——在亚太经合组织工商领导人峰会上的演讲. 人民日报，2013-10-08.

⑤ 习近平. 共同维护和发展开放型世界经济——在二十国集团领导人峰会第一阶段会议上关于世界经济形势的发言. 人民日报，2013-09-06.

⑥ 中共中央关于制定国民经济和社会发展第十三个五年规划的建议（2015 年 10 月 29 日中国共产党第十八届中央委员会第五次全体会议通过）.

实践的扩大和发展，“开放型经济”的提法不仅被党和国家重要文献以及领导人不断重复使用，而且其内容也不断丰富，包含了经济体系和体制、开放战略、参与全球经济治理以及形成参与国际经济竞争合作新优势等重大理论命题，事实上它已经成为指导中国对外开放的政治经济学理论。

中国特色开放型经济理论，作为一个成熟的理性思维，其基本要件是：总结了我国 40 年对外开放的基本实践和基本经验，揭示了事物发展的客观规律；提出了我们党的价值观和追求目标；规划了未来的行动纲领。我国对外开放的基本实践是，不断改革不适应对外开放发展的对外经济贸易体制，全方位、宽领域、多层次努力扩大各种形式的对外经济贸易联系；顺应经济全球化发展趋势，在深度融入世界经济中发展壮大自己，并接受、适应和引领国际经济规则。我们的基本经验是，既要坚持独立自主、自力更生的方针，又要善于利用两个市场和两种资源；在改革和开放的相互促进中统筹国内国际两个大局；在实施开放战略的行动部署中坚持两种思维，既抓住和利用机遇，又要防范风险和保持安全意识。我们揭示的客观规律是：经济全球化是资本主义生产方式和世界经济发展的新的历史阶段，我国对外开放和参与经济全球化，必然使我国深度融入世界经济并参与未来开放型世界经济体系的构建，必将促进国际经济秩序朝着平等公正、合作共赢的方向发展。我们党的价值观和追求目标是：完善互利共赢、多元平衡、安全高效的开放型经济体系，构建平等公正、平衡和谐、合作共赢的开放型世界经济。我们未来的行动纲领是：构建开放型经济新体制，培育参与和引领国际经济合作竞争新优势，积极参与全球经济治理和公共产品供给，迈向更高层次的开放型经济。

二、中国特色开放型经济理论的基本品格：实践与创新

总结这个理论的形成过程，其明显特征是：

1. 政治决定、实践先行

开放型经济理论的形成，离不开对外开放这个政治决定的大前提。中国实行对外开放是以邓小平同志为核心的中国共产党第二代领导集体的政治决定，这个政治决定来源于对世界大势的深刻认识和把握。20 世纪 80 年代初期，邓小平对世界大势有以下清醒认识：他认为在较长时间内不发生大规模世界战争是有可能的，应当改变原来认为战争危险很迫近的看法。随着世界新科技革命的蓬勃发展，经济、科技在世界竞争中的地位日益突出，没有硝烟的战争是世界的主要矛盾，这是我们党可以把工作重心转移到经济建设上来的国际环境。他还认为，经济上的开放，不只是发展中国家的问题，也是发达国家的问题，世界市场如果只在发达国家兜圈子，将很有限度。这是中国可以实行对外开放的国际条件。同时他还认为，在国际垄断资本控制世界经济和市场的情况下，封闭孤立地奋斗竞争不过它们，要靠开放政策打开出路。进入 20 世纪 90 年代以后，经济全球化加速发展，经济和综合国力的较量日益成为各国竞争的主要方式。我们党敏锐地洞察了这一世界大势的变化，党的十五大报告首次提到了“经济、科技全球化趋势”。随后党的领导人指出，经济全球化是社会生产力和科学技术发展的客观要求和必然结果，有利于促进资本、技术、知识等生产要素在全球范围内的优化配置，是世界经济新的发展机遇，我国应当顺应潮流、趋利避害。[①] 这就为我国继续扩大

① 江泽民在 2000 年亚太经合组织工商界领导人峰会午餐会上的演讲. 人民日报海外版，2000-11-16.

开放，发展开放型经济提供了新的认识依据。因此可以说，对外开放的政治决定是中国开放型经济理论形成的政治基础和前提。

同时，中国开放型经济理论的形成过程是问题导向、实践导向的，它要解决当前和未来一个时期干什么、怎么干的问题，因此它是一个动态发展、补充和完善的过程。这与西方经济学理论主要是解释和验证过去发生的事情有很大不同。粗略划分，改革开放以来，我国开放型经济经历了三个发展阶段，开放型经济理论也经历了与时俱进的三个发展时期。第一个时期是20世纪整个80年代至90年代中期，这是我国开放型经济的初步发展时期，也是开放型经济理念开始酝酿的时期。这个时期的主要任务是：不断深化外贸、外汇体制改革，发展对外贸易，特别是货物出口贸易，争取更多外汇收入；吸引境外资金和技术，创办“三资企业”；创办经济特区并进而完成从沿海开放城市到沿江、沿边的对外开放的空间布局。

1994年中国对外贸易总额迈上了2 000亿美元大关，更重要的是，通过外贸体制改革的深化和出口导向型外商投资企业的成长，我国出口贸易的比较优势已经形成，并能够连续创造贸易顺差（见表1）。1990年，我国出口商品结构中，工业制成品的比重已达到80%；1995年，我国机电产品的出口比重上升到29.5%，开始大幅度超过纺织品和服装的比重，首次成为中国出口的第一大类商品；1990—1994年间，外贸企业第二轮的承包经营责任制已经完成，对外贸企业的财政补贴已基本取消，外贸企业已基本成为市场主体，人民币汇率改革进入新的阶段，外汇调剂市场已演进为全国的银行间外汇市场，原先的双重汇率已变为单一汇率。外商投资企业的出口导向特征已基本形成。

表1　　1990—1994年中国对外贸易（货物）情况

年份	出口	进口	差额	外资企业出口	比重（%）
1990	620.9	533.5	87.5	78.13	12.60

续前表

年份	出口	进口	差额	外资企业出口	比重（%）
1991	719.1	637.9	81.2	120.47	16.77
1992	849.4	805.9	43.5	173.60	20.44
1993	917.4	1 039.6	−122.2	252.40	27.50
1994	1 210.1	1 156.1	53.9	347.13	28.70

注：表中出口、进口、差额、外资企业出口的单位为亿美元。
资料来源：《海关统计》《中国统计年鉴》各有关年份。

第二个时期指20世纪90年代中期至2007年党的十七大召开前的十多年，是我国开放型经济加速发展时期，开放型经济这一理念不断被充实、被赋予新的内涵。这个时期的主要任务是，除了继续发展对外贸易和利用外资外，重点是围绕中国恢复《关税及贸易总协定》缔约国地位和加入世界贸易组织，开展了深化对外经济贸易体制改革和贸易自由化的新举措，以便更深入地参与经济全球化的进程。这个时期为适应全球多边贸易体制建立的要求，我国在发展服务贸易以及利用两个市场、两种资源方面有新的突破，从而把实施“走出去”战略等新的重大实践课题引入了开放型经济的理念之中。

这个时期，中国全面履行加入世界贸易组织的承诺，平均关税水平从2001年的15.3%降低至2006年的9.9%；取消了进口非关税壁垒，全面放开了对外贸易经营权。2004年4月新修订的《中华人民共和国对外贸易法》明确将外贸经营权的获得由原来的审批制改为登记制，并删除了关于经营资格条件的要求。这个时期中国的外经贸法律法规与WTO基本规则接轨，为提高贸易政策的透明度，中国政府制定、修订、废止了3 000余件法律、行政法规和部门规章。在服务业的开放中，中国承诺开放100个服务业领域，占WTO分类的服务部门的62.5%，已经全面履行承诺的有证券、建筑、旅游、教育、商业服务业等12个行业。同时，加大了知识产权保护的力度。可见，这个时期“开放型经济”这一理念已经从刻画经济活动形式深入到刻画与世界经济接轨的制度、体制形式。这个时期，开放型经济的硬实力迅速增强。1996 年我国货物进出口总额仅为 2 900 亿美元，2001 年跃升为 5 096 亿美元，2004 年攀升至 1.15 万亿美元，2006 年达到 1.76 万亿美元。这十年间一直保持贸易顺差，2005 年贸易顺差超千亿美元，2006 年则达到1 775 亿美元。在吸收外商投资方面，1996 年我国吸收外商直接投资达到 548 亿美元，之后连年保持在 500 亿～600 亿美元，2006 年达到 670 亿美元。随着服务业开放的扩大，服务贸易发展迅速，1996 年我国服务进出口总额仅为 430 亿美元，2006 年增长到 1 917 亿美元，其中进口额从 206 亿美元增长到 1 003 亿美元。中国企业对外直接投资从 2003 年的 28.5 亿美元跃升为 2006 年的 211 亿美元。这个时期我国的硬实力和软实力都为开放型经济理论的形成提供了必要的准备。

第三个时期是从 2007 年至今，党的十七大报告提出“完善内外联动、互利共赢、安全高效的开放型经济体系”，标志着中国特色开放型经济理论基本形成。2008 年后发生了由美国次贷危机引发的全球金融危机，世界经济进入衰退、恢复和调整时期，经济全球化面临新的形势，我国的开放型经济不仅面临培育参与国际经济竞争和合作新优势的挑战，同时又面临更深入参与全球经济治理的新机遇，这就对开放型经济的内涵以及提法提出了修改、充实和完善的进一步要求。党的十八大报告修改了开放型经济体系的三个定语的位置和提法，十八届三中全会提出了“构建开放型经济新体制”，十八届五中全会提出了发展更高层次的开放型经济，完善互利共赢开放战略，这些都是在新形势下对开放型经济理论的补充和完善。

2. 与时俱进、大胆创新

对马克思主义理论的创新发展贯穿于中国特色社会主义现代化建设的各个时期。早在 1992 年，江泽民在党的十四大报告中就指出过我党对马克思主义政治经济学的新发展："十二届三中全会通过了关于经济体制改革的决定，这个决定提出我国社会主义经济是公有制基础上的有计划商品经济，突破把计划经济同商品经济对立起来的传统观念，是对马克思主义政治经济学的新发展。"在我国对外开放实践中产生的开放型经济理论在哪些方面对马克思主义理论有创新发展呢？

第一个理论创新是对马克思主义世界市场理论的创新。恩格斯认为，世界市场的产生和发展是资本主义生产方式的历史使命，"大工业便把世界各国人民互相联系起来，把所有地方性的小市场联合成为一个世界市场，到处为文明和进步准备好地盘，使各文明国家里发生的一切必然影响到其余各国"[①]。因此，资本主义生产方式创造的是一个统一的世界市场。这是马克思在未曾预料到社会主义革命将在少数国家取得成功条件下的判断。列宁分析了世界资本主义生产方式的内在矛盾，指出这个统一的世界市场的不平衡性、不稳定性和不可持续性，预言了少数国家率先实行社会主义革命的前途。[②] 苏联社会主义革命成功后，斯大林认为这个统一的世界市场瓦解了，取而代之的是两个平行的世界市场，或两个对立的世界市场——资本主义世界市场和社会主义世界市场。[③] 我国的开放型经济理论突破了斯大林的两个平行和对立的世界市场的理论。我们所说的两个市场，是指国内国外两个市场，主要是按照不同主权国家利益和经济制度划分的市场，而不是按照政治制度和意识形态特征划分的市场；而且这两个市场不是对立的，是相互影响、相互渗透的，从而融合形成习近平总书记提出的"开放型世界经济"。我们需要充分利用两个市场和两种资源。

第二个理论创新是对马克思国际分工理论的创新。马克思认为，在一

---

① 马克思，恩格斯．马克思恩格斯全集：第4卷．中文1版．北京：人民出版社，1958：361-362.

② 列宁．列宁全集：第22卷．中文1版．北京：人民出版社，1958.

③ 斯大林．苏联社会主义经济问题．北京：人民出版社，1979：23.

个统一的资本主义世界市场体系中，少数工业国家利用技术优势，形成对生产条件的垄断，扩大与落后国家的差距，将落后国家长期固定于不利的国际分工地位。① 在第二次世界大战之前，这确实是国际分工体系的真实写照。在第二次世界大战以后，围绕这种分工格局出现过“中心—外围”说、“比较优势陷阱”等理论，但是随着科学技术的发展和国际分工的深化，类似“亚洲四小龙”这样的新兴经济体脱颖而出，原有的国际分工格局被打破，世界呈现多极化发展趋势，国际分工理论滞后于实践的发展，暴露了局限性。中国的开放型经济理论顺应和总结了世界经济新的发展趋势，不仅提出了“发挥我国比较优势”、积极参与国际分工、大力发展对外经济贸易活动的主张，而且提出了攀升全球价值链新台阶的战略目标，提出了“培育参与国际经济竞争与合作新优势”的新要求，成为马克思主义国际分工理论创造性运用的典范。

第三个理论创新是对毛泽东三个世界划分理论的创新。20 世纪 70 年代初期，针对苏联霸权主义的威胁，毛泽东提出了三个世界划分的重大理论观点，并且搞了“一条线”的战略，即与日本、欧洲和美国结成统一战线以应对苏联霸权主义的主要矛盾。② 在这个理论指导下，中国的外交活动更加积极主动，对外经济贸易关系也有了恢复和发展，1975 年在邓小平实行整顿工作的当年，中国进出口贸易总额达到 147.5 亿美元，创中华人民共和国成立以来的最高水平，而且 1970 年以来的 5 年间，我国对外贸易年均增长速度高达 26.3%。特别是，恢复了我国在联合国的合法席位，中日、中美建交，有效缓解了苏联霸权主义的威胁；西沙群岛自卫反击战和中越边境自卫反击战，捍卫了中国领海、领土安全，并为 1979 年我党工作

① 马克思，恩格斯. 马克思恩格斯全集：第 4 卷. 中文 1 版. 北京：人民出版社，1958：444-459.

② 邓小平. 邓小平文选：第 3 卷. 北京：人民出版社，1993：127.

重点转移以及与西方国家经贸关系的新突破都奠定了有力基础。可以说，三个世界划分的理论堪称当时马克思主义政治经济学的杰作，尤其是在政治战略上划清了敌、我、友的界限，具有极强的动员力量和巨大杀伤力。进入新的时期，特别是冷战结束以后，如何在对外开放新形势下回答“谁是我们、谁是合作伙伴、谁是敌人”这一国际政治经济学的最大问题，摆在了新一代领导人的面前。邓小平提出了对外开放是向西方发达国家、苏联东欧国家、第三世界发展中国家全方位开放的主张；同时又一再重申中国坚持独立自主及自力更生的立场不变、坚持反对一切侵略和霸权主义的立场不变、坚持用和平共处五项原则处理国际关系的立场不变、坚持建立国际经济新秩序的立场不变。[①] 邓小平的思想突破了传统战略思维，为新形势下我们反对什么找到了战略方向。1992 年江泽民分析了世界多极化趋势：“大国关系不断调整，多个力量中心正在形成。广大发展中国家总体实力增强，地位上升，成为国际舞台上不容轻视的一支重要力量。世界多极化格局的形成尽管还是一个长期的过程，但这种趋势已成为不可阻挡的历史潮流。”[②] 这个分析指明了中国在经济全球化趋势中的历史方位，以及中国与新兴力量的关系。胡锦涛指出，在世界多极化和经济全球化深入发展中，必须建立和谐世界，致力于全球经济和谐发展，“各国应该重视并采取有效措施推动经济全球化朝着均衡、普惠、共赢的方向发展，努力缓解发展不平衡问题”，“努力建立开放、公平、规范的多边贸易体制，实现优势互补、互利共赢，使所有国家都从中受益”。[③] 这个声明反映了我国参与经济全球化的价值观和目标追求。习近平根据世界经济深度调整和我国开放型经济深入发展的新形势，提出了“一带一路”建设的新理念，这既

---

① 邓小平. 邓小平文选：第 3 卷. 北京：人民出版社，1993：98-99，3，70，281-283.

② 江泽民. 论社会主义市场经济. 北京：中央文献出版社，2006.

③ 胡锦涛. 促进中东和平　建设和谐世界——在沙特阿拉伯王国协商会议的演讲. 人民日报，2006-04-24.

是我国扩大开放的行动纲领，又是扩大开放的理论指引，成为我党继三个世界划分理论脉络的又一个新的理论创新成果。“一带一路”建设理念，继承了邓小平在对外开放形势下的战略新思维，从江泽民、胡锦涛的分析和声明中获取了更高层面的理性认识来源；既具有想象和憧憬，又具有行动感；既具备地缘政治经济学的主要特征，又具备具体的战略思维逻辑，回答了“谁是我们”（基于“一带一路”沿线60多个国家和地区）、“谁是伙伴”（不限于“一带一路”沿线的所有经济体）、“谁是敌人”（霸权主义、发展不平衡、不公正和不合理的国际经济政治秩序，以及一切威胁人类安全与和平发展的行为）；同时具有更广泛的号召力和影响力。这个理论观点的创新，使开放型经济理论更加丰满。

需要补充的是，我国开放型经济理论的形成，离不开广大理论工作者的参与和宣传。在我国对外开放的历史进程中，广大理论工作者积极投入理论研究和宣传工作，发表了难以计数的理论文章和著作。如果以研究方向加以归类，这些研究成果有的是追踪国家对外开放进程中的体制、政策与发展问题，如中国对外贸易体制改革研究、中国对外贸易政策研究、中国对外贸易发展战略研究、特区经济研究、加工贸易研究、利用外资研究、中国企业对外投资研究、中国“复关”与“入世”研究、人民币汇率研究等；有的是追踪中国参与国际经济合作方面的研究，如对经济全球化和区域经济合作、中国建立和发展自由贸易区的研究；有的是追踪中国内地（大陆）与香港、澳门、台湾地区发展经济贸易关系的研究；有的追踪中国与国际规则接轨问题的研究，如对多边贸易体制问题的研究，对知识产权、贸易救济、纠纷仲裁等问题的研究，包括对贸易新规则对我国影响的研究等；不少研究也致力于介绍和解释当代西方主流经济学关于国际经贸方面的理论；更值得一提的是，也有不少研究继续对马克思主义国际经济学理论进行了回顾和新的解释。毫无疑问，这些研究对开放型经济理论的建设和发展，都起到了添砖加瓦和添枝加叶的作用。

总而言之，我党创立的中国特色开放型经济理论之树遗传了马克思主义优化培育的基因，深深扎根于我国亿万人民的对外开放的伟大实践，经过广大理论工作者的辛勤浇灌，日益枝繁叶茂，如今它已经成长为参天大树。

三、中国特色开放型经济理论框架及主要研究内容

根据党的十八大、十八届三中全会和五中全会精神，中国特色开放型经济理论框架可以简要概括为：完善互利共赢、多元平衡、安全高效的开放型经济体系；构建开放型经济新体制；培育参与和引领国际经济合作竞争新优势；完善对外开放战略布局；积极参与全球经济治理和公共产品供给。

（一）互利共赢、多元平衡、安全高效的开放型经济体系

作为一个经济体系，它就应当具有立体形象，我们可以勾勒为下面的分析框架。

1. 开放活动的内容（即开放的部门和领域）

（1）商品流动：物质的生产和贸易；（2）要素流动：资本和技术交易，吸收国际直接投资和中国企业对外投资；（3）服务流动：服务和信息的可贸易性（服务贸易的四种形式）。

2. 开放活动的场所（即开放的空间布局）

（1）沿海开放城市（优惠政策的先期效应）；（2）沿江与内陆城市（市场准入的差别）；（3）边境地区（市场准入的差别）。

3. 开放活动主体之间的契约关系

（1）双边经贸关系；（2）多边经贸关系；（3）区域合作关系（上海合作组织、APEC 等）；（4）区域经济一体化（自由贸易区）。

互利共赢，是这个开放型经济体系的第一个属性。西方发达国家可以说都是开放型经济体系，而且就目前的开放水平看也都比我国更开放。如果我们只是朝着继续扩大开放的方向与它们看齐，我们与它们就没有区别了，充其量不过是后来追上来的一个发达国家，富国俱乐部增加一个成员而已，那么我们说的中国特色开放型经济就没有社会主义的特点了，在世界上的发展中国家中就缺乏亲和力了，所以我们强调互利共赢。怎样才能实现互利共赢呢？首先当然要研究的是中国自己市场的开放。货物与服务市场的开放都是贸易伙伴关切的问题，除了关税和非关税壁垒，还要研究市场的公平竞争，哪些因素妨碍了公平竞争，实现哪些改革才能真正做到让我们的贸易伙伴公平分享中国巨大市场的利益。其次要研究中国企业对外投资活动的福利效应，对东道国的就业、贸易创造以及税收产生了什么结果。如果只对自己有利，而对东道国的贡献甚少，就可能产生“新殖民主义”的曲解。再次要研究贸易的国际规则对不同国家的影响，以及公平合理的国际经济秩序对国际规则制定的要求。最早西方发达国家鼓吹贸易投资自由化，说自由贸易的中性规则（或竞争中立）可以使交易双方都有利。在加入世界贸易组织谈判后，党和国家审时度势、勇对挑战、有保留地接受了这个说法和别人制定的商业规则，并努力使自己适应和运用规则，创造条件使自己在交易中获取相应利益，但这是需要付出代价的，而且不是每个发展中经济体都能够像我们这样做到。因此，所谓的“中性规则”其实并非完全公平合理。现在我们已经成长为贸易投资大国，而且有条件接过贸易投资自由化的旗号去与西方发达国家交涉自己应得的利益。对发达国家而言，贸易投资自由化也好，中性规则也罢，在一定程度上已经成为我们的武器。在发达国家面前，我们需要研究如何加强在规则制定中的能力，同时研究如何让这些规则照顾不发达国家的利益。在发展中国家面前，我们需要研究“南南合作”中对双方都有真实利益的商业规则。

多元平衡，是这个开放型经济体系的第二个属性。我理解的多元平衡主要是三方面的平衡。首先是中国经济的内在性与外部条件的平衡，集中表现为内外需的平衡。这关系到中国经济的发展战略。中国作为大国，发展经济只能以内需为主，根据过去我主持的商务部委托的课题“中国内外需协调发展研究”的计算，即便在1978—2008年这30年间，外需在中国经济总需求中的比重也不超过15%，所谓中国经济依靠外需增长的说法并无研究依据，国际金融危机以后这个比重大幅度下降。那么平衡究竟应该如何量化？通常外需指的是商品和服务的净出口，由国际收支平衡表中的经常项目反映。但是随着我国金融开放和人民币跨境交易结算的发展，境内外资金流动比过去自由和频繁，外汇进出和收支经常是由于境内外人民币汇差和利差所导致，并非真实贸易投资活动的记录。这就给我们依据国际收支来计算外需的数量带来了困难和误差。如何克服这个技术困难并给出内外需求平衡的量化概念，是研究要克服的难点。其次是与贸易伙伴利益关系的平衡，集中体现为进出口贸易平衡以及资本进出流动的平衡。其衡量标准不仅要看国际收支，还要看贸易投资活动的互补性以及双方社会福祉的增进。最后是国内深化改革与营商活动规则日益国际化之间的平衡。在我国社会主义市场经济体制继续完善过程中，仍然存在着不少不适应国际化发展趋势的体制性矛盾，无疑需要改革，但这些改革内容都具有复杂性和牵连广的特点，而不少国际规则和国际合作范式也处在变革或即将变革之中，因此要讲求两者之间的平衡，讲究顶层设计和试验先行，否则将导致进退失据、宽严皆失。所谓统筹国内国际两个大局，也包含这方面的内容。

安全高效，是这个开放型经济体系的第三个属性。资本主义经济危机是资本主义生产方式不可克服的内在矛盾，资本主义世界的经济金融危机从来就没有间断过。因此我们一方面要大胆开放，利用国外市场和资源，另一方面要防范危机对我们的冲击。防范经济金融风险是我国开放型经济体系必须具备的安全阀。因此要研究这个安全阀的设计、制造、安装、监测以及运行管理。所谓高效，是要求这个开放型经济体系的运行成本最低化、效率最大化。因此要研究是什么因素导致成本高、效率低。一般而言，体制障碍导致制度的交易成本高、效率低；机制障碍导致管理成本高、效率低；技术障碍导致操作成本高、效率低。例如，对于推进贸易便利化，关税和非关税措施是主要的体制障碍，降低成本和提高效率的改革空间主要在这里；对于海关和口岸管理的各个部门，政出多门和不协调是主要的工作机制障碍，降低成本和提高效率的空间主要是整合这些管理规则和管理工作，实行“单一窗口”的改革试验；对于港口和码头作业的设施，技术落后会形成贸易便利化的技术障碍，降低成本和提高效率的空间就是实现港口和码头建设的信息化、现代化。

（二）构建开放型经济新体制

这个新体制主要包括六方面特征：

第一是建立与服务业扩大开放相适应的新体制和新机制。由于我国服务业开放程度还不够，因此要促进服务业开放潜力的释放。关于我国产业开放度的研究已经有不少文献，但是承诺开放与实际开放的差别需要在研究中加以区别。承诺开放可以从中国在多边贸易体系或各种区域合作的议定书和协议中找到，但这不等于实际开放，还需要从服务业吸收外资的数量和结构中，从服务贸易发展的数量和结构中，以及从国际比较中发现需要改进的空间。

第二是建立适应多种形式贸易投资自由化的新体制和机制。这包括：改革对外投资管理体制，增强投资主体权利。因此，要研究进一步完善对外投资管理的体制：（1）扩大备案制的适用范围。（2）建立核准制的负面清单管理模式。逐步向审批事项的负面清单管理迈进，做到审批清单之外的事项，均由社会主体依法自行决定。

以多边贸易体制为出发点，以区域自贸区建设为重点突破。因此要研究加速区域自贸区谈判，升级现有区域自贸区；要研究可能增加哪些国际贸易新规则、新议题的谈判，如何建设面向未来的高标准自由贸易区，以应对美国 TPP 酝酿的国际贸易新规则。要追踪研究上海、天津、广东、福建自由贸易试验区的进展并总结其成功的可复制、可推广的经验，在其他条件具备的地方大力复制和建设类似的自由贸易园（港）区。要研究中美投资协定、中欧投资协定、美国 TPP 谈判内容及其协定文本，既为参与国际新规则制定提供借鉴，也为我国自贸区升级版建设提供参考。同时，要研究美国 TPP 谈判内容及其协定文本对我国的实际影响，以及我国如何应对。

第三是建立具有战略纵深和双边、区域合作广泛利益共同体支撑的开放型经济新体制。我国发展的不平衡，主要体现为区域发展的不平衡；开放程度的不协调，更多体现为内陆沿边和沿海开放的不协调。内陆沿边开放是我国新一轮对外开放的主要潜力所在，是拓展开放型经济广度和深度的关键所在。因此要研究内陆与沿边扩大开放的体制机制建设。

要研究如何通过“一带一路”建设，在拓展经济发展战略空间的同时，因地制宜、因国施策，发展双边、诸边、区域、次区域经济合作，构建广泛的利益共同体，增强我国开放体制的国际支撑力。

第四是逐步培育与海洋强国相适应的新体制、新机制。我国全方位的开放型经济离不开海洋资源开发和海洋经济合作，我国海洋资源开发和海洋经济发展刚刚起步，未来潜力很大。新的体制机制建设应当有超前意识，要研究如何建立既有利于提高我国海洋资源开发能力，同时又能够有效保护海洋生态环境的体制机制；要研究如何发展海洋装备制造业和海洋工程设施产业，使我国海洋工业从只会造船迈上更高的台阶；要研究海洋的服务产业如何从在岸贸易和运输基地向转口贸易、离岸贸易基地，海洋科研教学、科研实习基地，以及海洋勘探、检测的服务基地方向提升转变；要研究什么是“海洋强国”，发展海洋经济与发展海洋强国的关系，以及我国成为“海洋强国”的路线图和时间表。

第五是具有法治化、国际化的营商环境。重点是研究如何进行法律、法规的修订和重建。要研究“国际化”的坐标是什么，它是静态的还是动态的过程，我们的建章立规工程如何适应动态化的国际规则。要研究塑造新的营商环境的主要内容，在不依靠优惠政策体现的条件下，优良的营商环境需要哪些条件和努力，建设法治化、国际化营商环境的主要措施。

第六是政府管理方式的转变。要研究贸易便利化改革涉及的有关问题，如海关等各监管部门的协调，以及如何简化程序提高效率；要研究投融资改革，如何适应准入前国民待遇和实行负面清单管理，从重事前审批转为重事中事后监管；要研究服务产品市场化所涉及的问题，如市场构建、价格改革以及市场监督管理等问题；要研究人员流动以及劳动力市场管理改革、境外人员居留等一系列管理改革；要研究信息沟通所涉及的网络、移动互联等领域扩大开放后所面临的管理工作的转变和完善。

（三）培育参与和引领国际经济合作竞争新优势

改革开放40年来，我国在发展对外经济贸易活动中主要依靠的是廉价劳动力供给的要素禀赋优势，在国际经济竞争中主要以价格低廉取胜，这使我国许多中低端产品在国际市场中赢得较高的份额。随着我国人口和劳动力供给形势的变化，原来廉价劳动力供给的优势已经并继续弱化，未来在向更高层次的开放型经济发展进程中，应当培育哪些新的潜在优势呢，概括起来有以下几方面：

第一是新的比较优势。随着我国产业的技术进步和资本有机构成的提高，以及资本要素价格均等化趋势作用的加强，我国部分产业中资本和技术密集的比较优势正在形成，如高铁设备和一些基础设施装备，这些产品将成为我国有国际竞争力的产品；随着我国教育和职业技术教育的发展，新一代劳动者的文化教育水平已经明显提高，相对低廉的人力资本将成为我国新的劳动要素禀赋优势，进而使一些新产业和新产品成为在国际市场上有竞争力的产品。

第二是“走出去”形成的价值链、供应链优势。随着我国企业境外投资的发展，不仅布局国际生产，而且形成国际营销网络，形成由我国企业自主支配的价值链和供应链网络，这将使我国经济利用两个市场、两种资源的国际竞争力大大增强。

第三是国内市场优势。2014 年我国货物贸易进口额达到 1.96 万亿美元，向全世界提供了 1/10 以上的货物市场份额，服务进口达到 3 835 亿美元，提供了 7.9%的世界服务市场份额。这样庞大的贸易规模必然吸引全世界投资者的关注和青睐，必然对我国在全球资源配置中主动作为提供有利因素和必要条件。

第四是体制优势。如何使我国社会主义市场经济体制成为参与国际经济合作与竞争的优势要素，是一个需要研究的课题。尽管现阶段我国社会主义市场经济体制还不完善，但它继续完善和与时俱进的更新动力很强，自我发展能力也很强；而国际经济领域中的规则和制度规范也是一个不断发展和变化的过程。在某种意义上说，除个别超级大国，相当多发达国家一旦适应原来的国际规则，它就会比发展中国家更不适应需要不断变化的国际规则，特别是不适应世界多极化发展趋势影响下的国际规则变化。而我国的社会主义市场经济体制的更新和发展能力恰恰具备这种适应国际经贸环境变化的优势。而且我国的社会主义市场经济体制不仅强调“有效的市场”，也强调“有为的政府”，从而使我国经济体制的竞争力得到更有力的保障。

第五是提供国际公共产品能力的优势。我国正在培育参与制定国际规则的能力，并已经在国际经济领域开始发起新倡议、新议题和新行动。这标志着我国开始培育自己生产和提供全球公共产品的能力。随着我国硬实力和软实力的增长，提供国际公共产品的能力必然逐步增强，这种优势也必然不断发展。

（四）完善对外开放战略布局

第一是完善对外开放的区域布局。要研究什么是“各有侧重的对外开放基地”，我国各个区域对外开放的起点不同，时间也有早晚，当地经济发展水平对开放型经济的形成和发展也有很大影响，因此不同区域的外向型产业集群建设也必然有其各自的特点，应当总结不同类型的发展路径。在沿海发达地区，应当研究如何建设“具有全球影响力的先进制造基地和经济区”。这包括战略性新兴产业的培育和发展、原有制造业的转型和升级。同时要研究在产业转移中形成沿海与内地互连互补的专业分工关系，以空间延续廉价劳动要素的优势。中西部地区将会更多承接劳动密集型产业，但是不应该重复沿海地区早期工业化的模式。应当在沿海向内地的产业转移中，保持沿海与内地的专业分工联系，建立互补的产业体系，形成沿海与内地优势互补、沿海与内地紧密结合的供应链体系，在国际经济竞争中发挥中国大国的综合竞争优势。

第二是完善对外贸易布局。核心是要研究如何从贸易大国迈向贸易强国。贸易强国是一个历史的、动态的概念，在不同时代它都有特定的时代内涵，体现这些内涵的国家也不同，既没有“日不落帝国”，也没有在所有商品和服务领域的“全能冠军”。一般来讲，资源和要素禀赋、科学技术的应用以及贸易的支持条件（如运输、国内产业与贸易政策）是一国或经济体经贸发展强弱水平的三个最重要因素。根据当代发达国家的经验，所谓贸易强国的主要标准是：（1）在商品与服务的生产中利用已有比较优势和培育新优势的能力。（2）在全球范围内配置资源的能力，一国境内的生产能力不等于国际的交换能力，国际的交换能力往往还取决于跨国生产能力、国际运输能力、国际营销能力等。（3）本国货币在世界的流通能力，国际交换中商品和服务的定价权不仅来自一国商品和服务的贸易量，还来自该国货币在世界的流通能力。（4）在国际交换中的商品与服务的技术标准制定能力，全球或国际交易规则的制定能力。技术标准和国际交易规则，都是一种公共产品。能够生产和提供这类公共产品的国家，一般都是贸易强国。

第三是完善投资布局。要研究在经济新常态下如何更好地利用外商直接投资，未来提高利用外资水平的导向是什么。“三个有利于”是未来完善我国吸收外商投资的基本导向，即有利于构建开放型经济的新体制，有利于促进我国经济结构调整和产业升级，有利于培育我国经济新的国际竞争力。其政策取向是：继续扩大服务业吸收外商投资，逐步开放教育、医疗、健康、养老、文化、各类中介服务等领域的外商投资；着力吸引具有先进制造业技术、工艺、管理优势的外商投资。

同时还要研究如何提高企业“走出去”的水平。按照党的十八届五中全会的建议的要求，要进一步研究未来如何建设一批大宗商品境外生产基地，培育一批跨国企业；要进一步研究如何积极搭建国际产能和装备制造合作金融服务平台，形成中国企业自主的跨国生产经营网络；要进一步研究如何确立互利共赢和促进国内经济结构调整、产业升级的立足点作为中国企业对外投资的指导方针，以建设自主国际化生产经营网络作为战略目标，来规划企业海外投资并建立与此相关的服务促进体系的思路，并使之落到实处。政策研究的课题是，如何鼓励制造业领域的投资，鼓励多采取绿地投资方式，在服务体系建设中，要研究针对民营企业的弱点和不足，提供更多有针对性的、有效率的服务。同时要研究如何改善中国企业对外投资和经营的统计、税收以及绩效考核等方面的管理。

（五）积极参与全球经济治理和公共产品供给

全球经济治理就是生产和提供一种全球或国际公共产品。国际公共产品，第一类是各种技术标准和国际商业规则，包括多边的国际规则和区域的国际规则。第二类是主权经济体为国际规则提供运行载体和平台所提供的成本，还包括为特殊国际经济问题提供的援助，这些都属于国际公共产品。这种公共产品的供给与供给能力有关，供给能力取决于经济硬实力，也取决于文化软实力。硬实力以经济、金融、科技和重要资源为后盾，软实力则需要话语权以及自身的体制、机制的优势。为此要研究我国如何增强国际公共产品的供给能力，从而更有效地参与全球经济治理。特别是要研究如何增强我们的文化软实力：一方面如何使我国的社会主义市场经济体制更具备与国际商业规则接轨的灵活性；另一方面如何使我们在国际交易中的话语体系更具有影响力，即能够把我们的故事讲得更动听，更有亲和力。

还要研究我国参与全球经济治理的策略。美国一直试图重新书写未来国际经济贸易规则，试图把中国排除在外，我们的应对策略就是实施“一带一路”建设和面向全球的更高标准的自由贸易区网络，以更加积极主动地融入世界经济的实际行动来打破美国孤立我国的企图。这就是毛泽东军事思想中“你打你的、我打我的”策略的新运用和新实践。

四、对西方主流经济学的借鉴和扬弃

怎样对待西方经济学，是建设中国特色社会主义政治经济学必须回答的问题。西方主流经济学与马克思主义经济学的根本区别在于立场和认识论的分歧。前者维护资本主义生产方式及其经济制度，其认识论是唯心主义的先验论；马克思主义经济学揭示资本主义生产方式的内在矛盾以及其必然灭亡、必然为社会主义经济制度取代的发展规律，而中国特色社会主义政治经济学揭示在中国建设社会主义经济的发展规律，其认识论是辩证唯物主义的实践论。当然，西方经济学在其发展的几百年间，也提出了不少反映社会化大生产规律以及经济发展规律的观点和认识，采用了统计学以及数学模型等现代方法来描述经济活动，建立了适应这种“精确化”研究的分析框架和研究范式，形成了一套比较成熟的话语体系，加上西方国家的文化软实力，特别是美国在世界上的霸权地位，使这一套经济学学术体系风靡全球。中国经济学研究在西方经济学学术体系的强烈影响之下，要想走出一条反映中国特色社会主义经济发展规律的、中国风格和中国气派的理论发展道路，确实任重道远。

在对外经济关系领域，西方学者把各种经济学流派中有关对外经济和世界经济的分析和理论拼凑为“国际经济学”，并作为大学教科书和知识体系广为传播，目前我国高校中广泛使用的《国际经济学》教材基本上是这种知识体系的介绍和解读。其中，有反映古典经济学的比较优势理论、要素禀赋理论以及该流派的后来继承者产品生命周期理论、规模经济和不安全竞争理论，以及国际直接投资理论等；有反映新古典经济学的世界市场均衡理论、汇率理论、国际收支理论等；有反映把各种经济学流派（包括凯恩斯经济学和新自由主义）加以综合的理论内容，如关于贸易政策、关税同盟、区域经济一体化、经济全球化和国际经济政策协调等的理论。从中国改革开放的实践来看，这个体系中可以启发我们思考的内容不少，而且有些概念也为我们所借鉴和吸收，如“比较优势”和“经济全球化”等，但总体来看，可以用来解释中国对外开放发展的理论则很有限，可以用于指导我们实践的理论则几乎没有。在我们的政策语言中，与这个知识体系有关且使用频率最高的是“比较优势”，但我们政策语言中的“比较优势”与李嘉图的“比较优势”也是不同的，后者说的是两个国家、在两种相同产品的生产中，都不具备生产率优势的一国可以选择劣势较少的某一产品来开展国际贸易，赢得专业分工的利益。而我们讲“比较优势”，首先是一种工作状态和动员，既包括发现“绝对优势”（你无我有）、要素禀赋优势（你少我多），又包括创造竞争优势（你有我优、我廉）。所以，我们讲“比较优势”，已经是一种演绎和发挥。再如，贸易投资自由化、经济全球化这些理论概念，在西方经济学教科书中，虽然有解释经济发展和世界经济发展趋势的一面，但它们是不讲独立自主、自力更生的，它们只讲让渡国家主权，只讲贸易投资自由化、经济全球化对各国经济福利的增进，不讲经济金融风险，因此有很大的局限性甚至欺骗性。一旦发现发展中国家参与经济全球化也可以得到好处，原来拼命鼓吹贸易投资自由化和经济全球化的人就会马上提出“去全球化”和“世界经济再平衡”理论，完全暴露了鼓吹这些理论的人的实用主义和机会主义的立场。

在其他国际贸易和国际投资理论中，绝大多数是以西方国家，特别是西欧国家和美国的实践为依据的，例如相互需求理论、产品生命周期理论、规模经济和垄断竞争理论、企业优势理论、内部化理论和交易成本理论等，都只能解释发达国家贸易和相互投资的发展，而不解释（也不能解释）发展中国家发展贸易投资的经验。涉及发展中国家对外经济问题的成熟理论很少，而且也很陈旧，例如“中心—外围”理论、资金外汇两缺口理论等。

西方国际经济学把新古典经济学的一般均衡理论扩展到世界经济领域，形成的所谓世界市场均衡理论是最缺乏科学性的。它宣扬资本主义经济通过自由市场可以达到均衡，在国内市场上靠价格来调节，在世界市场上靠汇率来调节。因此汇率理论和国际收支理论是西方国际经济学宏观理论的核心。随着西方国家以美元为中心的固定汇率制度的破产，世界市场均衡理论遭到无情讽刺；随后浮动汇率理论登场来修补均衡理论。20 世纪 80 年代美国依据这个理论来压迫日元、德国马克升值；21 世纪初又压迫人民币升值，认为这样可以达到世界经济平衡。但事实上却与美国的愿望完全相反，日元和马克升值并没有导致日本和联邦德国对美国贸易顺差的减少，人民币升值也没有使美国贸易逆差下降，这种浮动汇率理论实际上已经破产（见表 2 与表 3）。

上述说明，在建设中国特色开放型经济理论中，我们从西方国际经济学知识体系中能够借鉴的内容并不多，可以直接为我所用的更少，因此，中国经济学者应当有这样的使命感和自信心，我们必须走自己的路，创造中国自己的学术体系和理论范式。为此，要解决以下一些认识问题：

表 2　　美元对德国马克和日元的汇率以及货物贸易差额

年份	德国马克兑美元汇率（德国马克/美元）	日元兑美元汇率（日元/美元）	美国对联邦德国贸易差额（亿美元）	美国对日本贸易差额（亿美元）
1975	2.460	296.79	4.50	3.715
1976	2.518	296.55	12.60	−40.594
1977	2.322	268.51	−4.266	−76.052
1978	2.009	210.44	−13.612	−104.328
1979	1.833	219.14	−2.513	−61.386
1980	1.818	226.74	23.411	−73.428
1981	2.260	220.54	11.088	−136.082
1982	2.427	249.08	0.381	−123.612
1983	2.553	237.51	−19.259	−185.442

续前表

年份	德国马克兑美元汇率（德国马克/美元）	日元兑美元汇率（日元/美元）	美国对联邦德国贸易差额（亿美元）	美国对日本贸易差额（亿美元）
1984	2.846	237.52	−54.622	−335.425
1985	2.944	238.54	−80.655	−405.846
1986	2.171	168.52	−131.681	−525.164
1987	1.797	144.64	−135.950	−530.607
1988	1.756	128.15	−94.377	−479.778
1989	1.880	137.96	−44.732	−457.010
1990	0.826	144.79	−61.038	−382.796

注：汇率数据来自UNCTAD数据库。德国在1990年统一，该年德国马克对美元升值幅度比较大。贸易差额由美国对联邦德国或者日本的货物出口减去进口得到，负值表示美国的贸易逆差。进出口原始数据来自IMF的Direction of Trade Statistics（DOTS）数据库。

表3　人民币兑美元汇率和中美货物贸易差额

年份	2003	2004	2005	2006	2007	2008	2009	2010	2011	2012	2013	2014
汇率（人民币元/100美元）	827.70	827.68	819.17	797.18	760.40	694.51	683.10	676.95	645.88	631.25	619.32	614.28
顺差（亿美元）	586.13	802.7	1 141.7	1 442.6	1 632.2	1 708.6	1 433.6	1 813.0	2 023.4	2 189.1	2 158.5	2 370.4

资料来源：《2015中国统计年鉴》以及各年《海关统计》。人民币汇率为年平均价。

首先要解决立场问题。要建设中国特色开放型经济理论，包括中国特色社会主义政治经济学，首先要热爱中国改革开放的伟大事业，衷心拥护领导这个伟大事业的中国共产党，并积极投身于如何把中国的事情办好的研究工作中，而不是把中国的事情看作与自己不相干，置身事外，或者只是从事专门挑毛病的研究（一些国外的“中国问题”专家就是专门干这种事情的），那是必定难以承担我们的历史使命的。在一次会议上，有个境外媒体朋友问：为什么中国没有一个真正的经济学家？我回答，我不知道你说的真正的经济学家的标准是什么，但我知道中国改革开放和经济发展的巨大成就举世公认，我还知道，中国的经济学研究者与这个伟大的成就多多少少有些联系，而境外所谓的真正的经济学家却与此无关，那么这种真正的经济学家又有什么意义呢？我的回答赢得了全场掌声。我们不能指望依靠西方经济学的理论和西方经济学家来解释和回答中国的问题，这是中国学者自己的事情。要有为国家做事、为人民做事的情怀，才能有所作为。资产阶级的学者如果要有所建树，也需要有“忧国”情怀。有人把是否有诺贝尔经济学奖看作经济学理论和经济学家被承认的唯一标准，这是片面的。且不说这种评奖有意识形态的偏见，实际上还有国家的硬实力和软实力的背后支撑。诺贝尔经济学奖开始时也是被欧洲人特别是英国人所垄断，美国的崛起使诺贝尔奖得主转移到美国。试看未来诺贝尔奖花落谁家。可以预言，随着中国硬实力和软实力的上升，中国学者被国际学术社会承认是必然的，中国特色社会主义政治经济学在国际学术舞台占有一席之地也是必然的。

其次是如何建立自己的分析框架和研究范式。当代西方经济学的学术论文是以“精确化”研究为导向、以数量模型为主要分析工具的，因此它需要一套与之相匹配的分析框架和研究范式。它既具有进步的一面，也具有被滥用的另一面。不仅实证研究采用模型分析方法，连理论表达也常常用模型来演绎和论证。这种研究范式，既产生了不少具有数量化支撑的有学术价值的作品，也制造了大量庸俗和垃圾。我们对此需要区别对待，不可盲目崇拜。许多学术论文并没有什么研究发现，却用了最复杂的数学模型来分析论证最简单并早已为人所知的事实，这种为使用模型而做文章的倾向是一种脱离实际的“洋八股”，我们应当坚决反对，并防止谬种流传。我们的研究范式，应当强调以社会主义市场经济建设中发展和改革的重大问题为导向，以提供解决问题的思路为目的，因此要有必要的政策思路的含义，当然也需要对一些专门性的问题做出判断或加强某个判断。一般来讲，重大的理论问题是难以用数学模型来论证和表达的，而应当学习《资本论》《帝国主义论》等经典著作的研究方法，用历史与辩证逻辑相统一的分析方法，用可靠的统计数据来支撑和证明。一些专业性特征十分明显的经济问题，涉及经济社会各领域交叉性较少，即解释变量因素不复杂的问题，在数据可获得的情况下，采用数学模型方法才具有“精确性”研究的前提和条件。所以应当实事求是，因文制宜，既反对无模型不成文的倾向，也反对拒绝使用数学模型的片面性。还需要强调，采用数学模型作为主要分析工具，是以科学的“假设”为前提的，数学模型是用来论证和加强“假设”提出的判断，但是如果没有大量的调查研究和一定数量的统计数据做支撑，怎么能产生科学的“假设”呢？所以，下功夫做调查研究，下功夫收集数据和文献资料，是任何研究方法都无法离开的不二法门。一些年轻的研究者往往不愿意做这种耗时耗力的基础工作，只是从西方文献中找出现成的结论作为自己的“假设”，然后借鉴或抄袭一个数学模型，采集一些面板数据，拼凑成一篇论文。在学习阶段，这样做无可厚非，但这不是真正的研究，应当从这个幼稚的阶段逐步走向成熟。

再次是如何建立中国学术论文的话语体系。“五四”运动以后的新文化运动，使中国文坛摆脱了以文言文为主导的传统话语体系，产生了现代中国语言的话语体系。它的进步性体现在两个方面：一是更贴近大众生活；二是更有利于吸收外来先进文化。但要处理好这两者的关系，却不是一件容易的事情。在半殖民地、半封建社会背景下，洋教条和食洋不化的文化现象是旧中国殖民地文化的病症，反映到党内，有“党八股”现象的出现，毛泽东同志写的《反对党八股》和《改造我们的学习》就系统批判了党内的教条主义倾向以及它所表现的话语形式。改革开放以后，我们学习市场经济，引进和使用了许多与市场经济相关的专门词汇、概念和理论，大大丰富了经济学理论包括国家经济政策的话语表达形式。在这个学习过程中，中国的广大干部、知识分子和群众不仅熟悉了这些新的话语表达形式，有的还向其注入了中国元素，赋予其新的含义，形成外来文化被融合同化的现象，从而形成了中国式的话语体系，使“English”变成了“Chinglish”，经济学研究及其学术论文当然是走在这个学习过程的最前沿。站在最前沿容易产生两种可能性：一是落后于大潮流和人民大众；二是孤立冒进并脱离人民大众。在留学海外热潮逾30年经久不衰以及国家经济建设日新月异的环境下，第一种可能性不容易产生，而第二种危险却较为容易产生。一些人把生硬翻译过来的西方经济学论文的表达方式看作是经济学规范的话语体系，把多数人读不懂的话看作是“学术”，认为“学术”只需要少数人看懂和欣赏，多数人看得懂，就不是“学术”了，至少也属于“学术水平不高”。怎样处理“阳春白雪”和“下里巴人”的关系，是中国经济学话语体系要解决的问题。毛泽东在延安文艺座谈会上的讲话精神为我们解决这个问题指明了方向。他说文艺作品要源于生活，又要高于生活。所谓源于生活就是不能脱离生活，不能不接地气。中国经济学的话语体系，也不能脱离多数（这个多数已经有职业范围的限定），如果我们的经济学论文只有极少数人看得懂，连多数经济学研究和教学工作者、多数政府经济工作官员（基本是大学以上文化水平）、多数有文化的企业家和其他知识界人士都看不懂，那还叫“为人民服务”吗？真理是朴素的，往往不需要深奥的语言，而庸俗却需要故弄玄虚来掩饰浅薄。当然，经济学研究又要高于普通的时事新闻，不仅要适当介绍和引进新词汇、新概念和新思想，还要有学术基础和学理逻辑。因此要在多数人读懂的基础上提高和不断提高，我们的话语体系应当朝这方面努力。这样说有些人会很不以为然。有人会问，诺贝尔经济学奖得主的著作多数人都看不懂，难道不是学术吗？是学术不假，但这里不仅有意识形态倾向要考察，也有一个普及与提高的关系问题要审视。拿文艺作品来比喻，《天鹅湖》无疑属于世界文艺精品，但在解放战争期间，我们的人民解放军指战员是靠看《白毛女》来激发阶级仇恨和奋勇杀敌的，看《天鹅湖》不仅不适宜，而且当时也不具备多数人欣赏的社会经济条件和文化环境。从感染人、激发人的情感的艺术标准和“为人民服务”的政治标准来看，《白毛女》无疑达到了艺术标准和政治标准的统一，是当时我国的艺术精品。同理，今天我们的话语体系，更需要在多数人读懂基础上的提高和再提高，这是我们应当提倡和努力的主要方向。当然，也允许有少量只有少数人才能读得懂的学术文章和著作，也应当允许百花齐放和百家争鸣，但主次不能颠倒。

中国经济学的话语体系除了要坚持多数人读懂基础上的提高和再提高，还要坚持自己的独立性。我一直认为，中文与英文之间的翻译，有时候是很难表达原意的。例如，物流一词的英文是“logistics”，原意是军队的后勤保障，翻译成“物流”，就容易望文生义，把这个服务业的现代化水平大大埋没了，以至在实践中走了样。反过来，中文要翻译成英文，有时候也很难。例如，“三个代表”怎么翻译？“开放型经济”要是翻译成“openness economy”，还是我们要表达的意思吗？所以，龙就是“long”，翻译成“dragon”，就成了“凶暴怪兽”了。

《资本论》与中国特色社会主义政治经济学

邱海平

中国特色社会主义经济实践已经有了40年的历史，党中央和党的领导人也提出了很多具有创新性的理念和观点，现在需要我们从习近平同志所提出的“系统化的经济学说”的高度进行认真的学术研究，力争构建一个中国特色社会主义政治经济学理论体系，这是中国经济学界面临的非常重大而且非常艰巨的理论任务。

从中国特色社会主义经济实践和我们党的理念的角度来看，我们具有制度自信和道路自信，但是我们不得不看到，在今天中国的经济学格局当中，马克思主义政治经济学理论，特别是社会主义政治经济学理论还处在一个相对弱势的地位，我们还面临着强大的西方经济学的竞争。因此，从学术学理的角度看，如何构建一个科学的、具有说服力的中国特色社会主义政治经济学理论体系就具有极为重要的意义。从意识形态的角度说，在共产党领导的中国，马克思主义政治经济学是主流经济学，这个说法当然是正确的。但是我们不得不看到，在我国高校经济学教学、学术环境以及社会的公共舆论中，西方经济学影响巨大。所以，作为高校教师，一方面需要对我们党的理论、路线、道路充满信心，但是另一方面，如何用马克思主义理论去教育和争取青年学生做中国特色社会主义事业的接班人，这是我们面临的一个非常重大的任务。从这个角度来讲，我们全国的学者，尤其是马克思主义学者，如何在中国特色社会主义实践和党的政策方针基础之上，去构建科学的理论体系，去和西方经济学竞争，这是一项责无旁贷的重大任务。本着这样的出发点，我们学界还要进行非常深入的研究和理论探索。从学理的角度来讲，虽然已经出版了一些有关中国特色社会主义政治经济学的专著、教材、论文等，但是，如何构建一个科学的、具有严密逻辑性的、确实能够说服人的、能够和马克思主义经济学和西方经济学相提并论的体系，恐怕还有很长的路要走。

政治经济学界的人都认为，中国特色社会主义政治经济学是当代马克思主义政治经济学。既然是马克思主义政治经济学，它就应该有马克思主义经济学的血统与基因，就不仅仅是体现了马克思主义经济学的方法论，还应该从具体的理论、逻辑的方面，都能看出它确实是马克思主义经济学，是当代中国马克思主义政治经济学。从这个角度来看，我们在考虑构建中国特色社会主义政治经济学理论体系的时候，《资本论》就是绕不开的。

众所周知，《资本论》不仅是马克思主义经济学的经典，也是马克思主义的经典。中国特色社会主义政治经济学不仅要体现出马克思主义经济学方法论的指导地位，而且如何全面、深刻、恰当地在很多具体的方面体现出《资本论》对于中国特色社会主义政治经济学理论体系的意义和价值，我觉得这个问题还没有完全解决。比如，现在我们看到的中国特色社会主义政治经济学专著和教科书，多是不太令人满意的，里面没有劳动价值理论，没有社会主义价值理论，没有再生产理论，没有平均利润率理论，等等。我们不是说要照搬《资本论》的逻辑框架和所有理论，但是我们至少应该从逻辑和理论方面让人能清楚地认识到，它确实是马克思主义政治经济学。所以，究竟如何理解和对待《资本论》与中国特色社会主义政治经济学的关系，仍然是一个值得研究的课题。

首先谈一谈对《资本论》和马克思主义经济学的整体认识。习近平同志2012年6月19日考察中国人民大学《资本论》教学研究中心的时候说，《资本论》是马克思主义的经典，至今依然闪耀着真理的光芒。在2016年"七·一讲话"中习近平同志又讲了这句话。那么，为什么《资本论》如此重要?《资本论》的价值和意义当然体现在各个方面，但是，其中非常重要的一点在于，它是至今唯一能与西方主流经济学相抗衡的逻辑严谨的经济学理论体系。西方经济学流派很多，为什么新古典经济学是主流呢?原因很复杂，但有一个重要原因，就在于它也是逻辑严谨的理论体系。作为马克思主义经济学的经典著作，《资本论》的逻辑之严谨是举世公认的，因此，它是唯一能和西方主流经济学抗衡的经济学理论体系。

我们还要认识到另外一点。我们说以马克思主义经济学为指导、为基础，我们就要知道马克思主义经济学里面包含什么内容。《资本论》是马克思主义经济学的经典，但是马克思主义经济学不等于《资本论》，《资本论》主要是关于资本的理论，并不是马克思主义经济学的全部内容。马克思曾经有一个六册结构计划，按照这个计划，他在很多文献、手稿里面研究了雇佣劳动、土地所有权、国家、国际贸易和世界市场等方面的问题，这些也都构成了马克思主义经济学非常重要的内容。马克思大量论述了关于资本主义生产方式的一些问题，还讨论了关于未来社会的一些设想、猜测、论述，这就是广义政治经济学的内容，这些东西加在一起才构成了一个全面的马克思主义经济学的内容。

今天我们坚持以马克思主义理论为指导，在现有社会主义政治经济学理论当中，体现比较多的是马克思和恩格斯关于社会主义和共产主义的思想和理论，但仅仅包含这些内容是不够的，还必须更加全面、充分地运用和借鉴《资本论》以及马克思的所有经济学理论。我们今天要建设的是中国特色社会主义政治经济学或者叫社会主义经济理论，而《资本论》是研究资本的，但是这绝不意味着两者没有关系，更不能认为《资本论》完全不适用于中国特色社会主义政治经济学理论体系的构建。既然中国特色社会主义政治经济学是当代中国的马克思主义政治经济学，那么，马克思主义经济学、《资本论》当然就是我们取之不尽的理论宝藏，如何把马克思的东西用到极致，这是我们应该做的事，但是我们做得还远远不够，所以，《资本论》与中国特色社会主义政治经济学的关系问题，非常值得研究。下面再讲几个具体的理论问题。

一、《资本论》与中国特色社会主义政治经济学的研究目的

政治经济学教科书一般都是先谈对象问题，但是现在更应该先谈研究目的，这是因为我们在构建中国特色社会主义政治经济学理论体系的过程中，首先必须确立中国特色社会主义政治经济学的研究目的或者理论任务，这一点非常重要。中国特色社会主义政治经济学到底要干什么？目的是什么？在这个问题上大家是否都很明确？是否形成了共识？不尽然。从一些学术和思想交流中，特别是从公开发表的一些文章中可以看出，在这个问题上还多多少少存在着一些模糊认识。如何把认识明确下来，并且最好是形成一个基本共识，这还是一个有待解决的问题。毫无疑问，明确研究目的，对于理论体系的构建、理论本身的创设都是非常重要的。实际上，从经济思想史以及马克思主义经济思想史都可以看出来，研究目的的

确立对于理论形态的影响是非常大的。比如，从经济思想史的角度来讲，重商主义经济学的目的是什么？就是为了适应商业资本主义发展的需要，论证商业资本主义的合理性，所以提出了重商主义经济学理论。重商主义为什么提出货币就是财富呢？为什么主张大量出口、尽量限制进口？这与当时处在商业资本主义发展阶段的客观需要有关。为什么后来又有了古典政治经济学？古典政治经济学的代表人物是斯密、李嘉图等人，他们都是工业资本主义时代的经济学家。他们为了论证产业资本主义的合理性，提出了劳动创造价值的观点，否定了货币就是财富的观点，提出了自由贸易的政策主张等，这同样是跟当时的资本主义发展的需要有关，它的目的也是很清楚的，就是论证产业资本主义的合理性并且为它出谋划策。我们再看德国的历史学派。德国为什么会有李斯特经济学？当时德国落后于英国和法国，在国际竞争中处于不利地位，如果采用英国和法国的自由贸易理论和政策，德国将始终处于不利地位。所以，为了适应德国赶超英国和法国的需要，李斯特批评英国和法国的经济学理论，提出了新的生产力理论和国家经济学，并且明确提出了保护关税的政策主张。之后，马克思创立了新的政治经济学。那么马克思的目的是什么？就是为了工人阶级解放、为了全人类解放，这是马克思伟大的地方，他不掩饰自己。我们要知道，马克思的理论是科学的，这绝不意味着没有意识形态性，这两个方面是不矛盾的。社会科学本来就具有二重性，一方面要探讨规律，具有科学性，另一方面事实上就是意识形态。不要去抱着一个空想，认为经济学可以像自然科学一样，彻底没有意识形态性，就像现在很多学西方经济学的人所主张的那样，在我看来这是误入歧途，总把自己打扮成自然科学家一样的人，这是自欺欺人。社会科学是自然科学吗？不是。马克思很伟大，他像孩子一样天真、单纯，他一方面把经济学或政治经济学理解为一门科学，同时公开承认政治经济学的阶级属性和意识形态性。

19 世纪 70 年代产生了所谓经济学的“边际革命”，19 世纪 90 年代产生了马歇尔的新古典经济学。那么，它们的目的又是什么呢？为什么出现了效用价值理论？为什么出现了一般均衡理论？其实它们都有很重要的目的，就是要取代马克思主义理论，因为马克思主义理论像孙猴子一样“大闹天宫”，弄得天下不得安宁，马克思主义理论产生以后整个西方工人运动蓬勃发展，这对于资产阶级及其统治来说是非常危险的，所以必须取代马克思主义理论。怎么取代？就是要彻底抛弃劳动价值理论，用效用价值理论取而代之，所以产生了“边际革命”和马歇尔的新古典经济学。

从马克思主义理论本身的发展来看，从马克思那个时代再到列宁时代、斯大林时代，每个时代的理论都是随着时间条件的变化而发展的。实践中产生了新的问题，要解决新的问题，要确立新的理论目标和目的，要解决新的现实问题，理论必须发展。这也是社会科学发展的一个规律，就是随着历史条件的变化，随着现实任务的转换，理论研究的目的也会发生变动，这样理论本身也就发展变化了。认识到这一点是很重要的，一定的理论形态总是直接由一定的研究目的决定的。

今天我们考虑中国特色社会主义政治经济学理论体系建构问题时，我们首先要弄明白：我们的目的何在呢？我们要解决的是什么问题？当然，我们要解决的问题是社会的问题，而不是我们个人的问题，这就需要构建社会意识形态。社会意识形态和个人意识是有重大差别的，很多人一直在个人意识里打转转，没有上升到社会意识的层面。社会意识才是对社会存在的反映，个人意识并不一定是对社会存在的反映，个人意识还要受到个人心理的影响。我们要从社会的层面出发，要了解、思考这个社会现在要让我们干什么，而不是我们想干什么就去干什么，所以，了解时代的需要、社会实践的需要非常重要。

马克思在《资本论》第一卷第一版序言中明确说，本书的最终目的就是揭示现代社会的经济运动规律。这是什么意思呢？揭示现代社会的经济运动规律，是《资本论》这部著作的最终目的。那么揭示现代社会的经济运动规律又是为了什么呢？也就是说马克思本人以及他的整个理论的最终目的又是什么呢？在这个序言中马克思没有说，但是在其他地方有大量的解释。实际上，马克思写《共产党宣言》也好，写《资本论》也好，以及写其他大量著作，其宗旨或根本目的都只有一个，那就是通过唯物史观，研究人类社会发展规律，通过研究资本运动规律，揭示资本主义社会经济运动规律，说明资本主义生产方式的历史性，从而为无产阶级运动和革命提供理论基础。这是马克思给我们提供的最重要理论财富，也是他给人类留下的最宝贵理论财富，到今天为止也是不可否认的。马克思主义理论影响了整个人类世界的发展史，改变了世界。马克思在理论和认识上给我们解决了一个核心问题，就是资本主义由于资本自身的局限性迟早是要被替代的，而不是像资产阶级思想家们所说的那样是永恒的。这个理论观点太重要了，推动了人类文明的进步。今天的世界、今天的资本主义和过去野蛮的资本主义是不一样的，当然它还没有完全去掉它的野蛮性。在世界的进步和人类文明的进步中，马克思主义理论功不可没。所以马克思留给我们的最重要遗产就是这个理论和结论。中国共产党的产生与成立、中国革命的胜利、中国社会主义制度的建立、中国社会主义建设事业的发展等都跟马克思主义理论有关。所以到今天为止我们仍然要强调以马列主义为指导，这不是随口说说的，不是挂招牌。对于今天中国的发展来说，对于中国特色社会主义的发展来说，“社会主义”四个字太重要了。这是马克思留给我们的，来源于马克思，来源于马克思主义。对于这一点我们一定要有充分的认识。马克思非常好地完成了那个时代赋予他的以及他自己所设定的理论任务，虽然不能说是无可挑剔，有些细节问题还可以更加完善，但是从总体上来说无人能替代。总之，马克思的整个理论体系的研究目的是非常清楚的。

今天，社会主义革命早已完成，社会主义经济建设已经进行了60多年并且处在一个新的历史时期，那么，如何构建社会主义政治经济学呢？显然我们不能照抄马克思。卫老师曾提到当代马克思主义政治经济学和社会主义政治经济学是什么关系这个问题，毫无疑问，这两个方面是有区别的，社会主义政治经济学是研究社会主义的，而马克思主义政治经济学除了研究社会主义部分，还要研究世界经济，要研究当代资本主义，甚至要研究当代的发展中国家的一系列问题。显然，这些内容是不能全部包括在中国特色社会主义政治经济学里面的，所以这两个概念的关系是很清楚的。

毫无疑问，中国特色社会主义政治经济学的核心任务和研究目的，就是要为中国特色社会主义服务，这是很简单的道理。怎样才能使它为中国特色社会主义服务呢？裴长洪教授的观点我很认同，我们一些人天天谈现实中的问题，对一些不合理的现象、不正常的现象发发牢骚是可以的，但那不是理论任务，我们要干的事就是要问为什么，为什么这样而不是那样，道理何在，有些问题到底该怎么解决。这应该是我们作为学者和理论工作者应该做的事情，这一点要特别明确。中国特色社会主义政治经济学的根本宗旨、根本任务和根本目的就是要为中国特色社会主义的发展提供理论支持和政策服务。显然，这个任务和马克思当年的任务是有差别的，过去很多人都讨论过，马克思的任务就是要革命，而我们今天的任务是要建设，尤其是我们经过了40年的改革开放，取得了巨大的成就，我们现在需要理论，经验很重要，但不能是经验主义。我们怎么把付出了非常多代价的道路上升到理论的高度，增强我们的自觉性，使得我们未来的发展尽量减少代价，尽量有更好的发展，这应该是我们的职责，也应该是我们的目的。所以，我们的研究目的和《资本论》的研究目的之间是一种辩证关系，从根本上来说，经济学就是要揭示规律，同时为了人民大众，为了人类的解放，这些都是中国特色社会主义政治经济学同马克思主义经济学一样的地方。同时我们又要看到二者之间的差别，马克思的理论任务是为工人革命提供基础，我们今天的任务是为中国特色社会主义更进一步的健康发展提供理论基础和政策指导。显然，我们的理论任务是双重的，甚至是多重的，因此，我们的研究目的也是多重的。

从我们今天的现实实践和需要出发，中国特色社会主义政治经济学必须确立三个层次的研究目的：

第一，中国特色社会主义政治经济学必须揭示中国特色社会主义社会经济已经呈现出来的发展规律。为什么这么表述？为什么说是已经呈现出来的发展规律？大家都知道中国特色社会主义到今天仍然是一个初级阶段的社会主义，是不成熟、不发达的社会主义，正像每个人一样，任何事物在不成熟的时候，在不发达的时候，它的规律性不一定都能呈现出来，就像我们看一个小孩，两三岁的小孩有明显的性格吗？恐怕很难说。一个人的性格是在他的生活当中经过大量的经验才能形成的，只有通过经验的积累才能形成性格，很小的孩子恐怕很难说有什么性格。1956 年建立社会主义经济制度以来，中国特色社会主义仍然处在不断的发展过程中，到今天有些地方已经比较成熟了，而有些地方可能还不是很成熟或者很不成熟，所以我们要揭示的是客观存在的规律。有一些东西现在说不上是规律，非得说它是个规律能行吗？理论要揭示规律，但要揭示的必须是客观存在的规律，不是人为想象出来的东西。

第二，由于现在规律表现得不是特别充分，只是一部分，可能有很多还在形成过程当中，还不是特别明显，所以我们的理论研究不能止于揭示规律，而是要进入第二个层面，就是要着力分析中国特色社会主义现实经济的运行状况和存在的问题，我们政治经济学学界在这方面的研究尚有不足。我们读一下现在的教科书，看完以后觉得中国没问题了，可是把书一合，走出家门或上网看看新闻，就会发现满地都是问题。难道我们中国特色社会主义政治经济学眼睛一闭不看现实及其问题吗？显然不能。我们的现实生活中还存在许多矛盾，有些甚至非常尖锐，难道我们作为学者、作为理论工作者可以闭眼不看吗？我们在理论上不要反映这些矛盾吗？恐怕是不行的。我们的良知过不去，我们的学生跟你过不去，中国的老百姓跟你过不去。所以问题和矛盾不能回避，我们要在第一层的基础之上，以第一层为基础进一步深入分析我们中国经济运行的现状，而且要分析其中的问题和矛盾。如果是到此为止，可能跟一些专门挑刺的人没两样，光讲问题没答案，不是越看越让人泄气吗？我们还得出招。

第三，我们今天的政治经济学跟马克思面临的任务不一样，马克思告诉我们说资本主义必然要灭亡，但是社会主义要怎么建设，特别在中国这样原来比较落后的国家怎么建设，马克思并没有提供现成的答案和方案。这是我们和马克思不一样的地方，马克思那时候面临的主要问题是工人阶级革命问题，这是他那个时代的主题。我们今天正在进行社会主义经济实践，我们必须为改革和发展提供建设性的对策主张，不能只给出一个观点，要有大量的论证，要立得住，要证明逻辑是什么，关系是什么，怎样才能解决某个问题。作为完整的理论体系，中国特色社会主义政治经济学要针对我们现实当中存在的问题，提出积极的建设性的政策主张。

由此可见，中国特色社会主义政治经济学面临三重任务，具有三个层次的研究目的。怎样从这样三个方面去着手构思我们的理论体系、理论内容可能与追求一重目的不一样，仅仅局限于揭示规律这个范围，可能并不能完全适应现实实践的需要。不是说已有的相关研究成果中后面的两个方面都没有，而是说从理论体系构建角度来讲，能否更加明确一点。我们是否可以把中国特色社会主义政治经济学的研究目的概括为揭示中国特色社会主义社会经济发展规律、分析中国特色社会主义运行状况及其存在的矛盾和问题、提出中国特色社会主义经济改革与发展的建设性对策主张？应该把这三个方面统一起来，只有这样才能体现出科学性、现实性与建设性的有机统一，也只有这样才能更好地符合中国特色社会主义实践发展的需要、党和国家的需要、人民的需要。

二、《资本论》与中国特色社会主义政治经济学的研究对象

前面讲了，中国特色社会主义政治经济学具有三重研究目的，那么，我们需要进一步考虑中国特色社会主义政治经济学的研究对象是什么。

首先我们从经济思想史的角度来看一看。经济学家们都是从科学的角度出发定义经济学研究对象的，从古典经济学开始就是这样。在亚当·斯密那个时代，英国的第一次工业革命刚刚开始，近代自然科学开始萌发，那时英国的科学思维开始兴起，经济学那时叫政治经济学，是从科学的角度出发来理解的。到马克思时期就更加明确了。马克思明确地说，从威廉·配第以来就产生了政治经济学这样一个学科。既然是一个学科，当然就是科学。所以，马克思认为政治经济学是科学。当代西方经济学更是如此，而且走到极端，不仅认为它是科学，甚至认为它是像自然科学一样的科学，跟数学一样精确，达到了精确化、数量化。正是秉承了经济学这样一种传统认识，到今天为止搞经济学的人都认为经济学是科学。科学研究的是什么？科学不能研究个别事物，而是要研究普遍现象，并从中揭示出一般规律。所以，社会主义政治经济学的研究对象是什么这一问题的答案是社会主义生产关系及其运动规律。把社会主义作为一个社会形态来理

解，从科学的角度研究这个社会的经济运动规律，这一点没有错，否则社会主义政治经济学就不能成为科学。但是，实际上是怎么回事呢？在这里是否也存在一个理论现象和理论实际之间的差异呢？就是说，经济学家们自认为是从科学的角度出发去理解和定义研究对象，但是在实际的研究过程中根本做不到。比如，社会主义政治经济学研究的那个社会主义经济在哪里？哪里有抽象的社会主义呢？社会主义永远存在于某一个具体国家，存在于一个一个具体的经济体里面。经济学家往往不怎么区分国家和社会。事实上，经济理论虽然是从科学的角度来理解的，但是事实上总是跟一定国家的经济发展分不开，离开了一定国家的经济发展，哪有什么经济学理论？以《资本论》为例，马克思在《资本论》第一卷第一版序言中说得很清楚，该书研究的是资本主义生产方式以及与之相适应的生产关系、交换关系。但是马克思紧接着说，“这种生产方式的典型地点在英国，所以我以英国的材料为例证”。没有多少人认真解读过马克思这句话究竟是什么意思。恩格斯后来在1886年《资本论》英文版序言中说，马克思的全部理论都是他毕生研究英国经济史和英国经济状况的结果。那么，可不可以说先有了这个理论，然后用英国的材料来证明这个理论是对的？是不是这个逻辑呢？这是一个很复杂的问题。

仔细琢磨，马克思的理论到底是怎么得来的呢？其实这是个很大的哲学问题：一个人的思想和理论到底从哪里来的？一般来说，无非来源于两个方面：一个是对现实的社会存在的研究、对客观世界的研究；另一个就是批判继承已有的理论成果，理论是有批判性的，思想是有继承性的。如果不读书，什么著作都不学，直接像文盲一样看现实，什么理论都不会有。反过来说，如果闭眼不看现实，天天闭门造车苦读书，缺乏对现实的感受，也不可能创建出理论。任何新的理论永远都是已有的理论和现实的碰撞，当已有的理论解释不了某些现实问题时，就需要发展理论，要提出新的思想，提出新的理论，这是人类认识和科学发展的规律。马克思主义理论的产生完全符合人类认识和科学的发展规律。马克思一生研究英国经济史、历史，一生都在读书，所以他有了理论创新。可是有一个问题也很神秘：读书的人多的是，同时代那么多人，为什么只有马克思创立了这一套理论呢？为什么别人就没有弄出这套理论呢？这里可能存在个体差异问题，这当然是另外一个问题，我们先不管它。

我们现在关心的问题是，《资本论》是关于资本的理论，也就是关于资本一般的理论，关于资本主义社会经济发展规律的理论。它的来源是什么呢？一方面来源于对英国经济史的研究，另一方面来源于对所有经济学理论的批判继承。从理论产生的实际情况来讲，理论总是从具体开始，然后再到抽象，总是从对于个别事物的认识再上升到对一般规律的揭示。所以，理解中国特色社会主义政治经济学的研究对象，必须懂得理论的实际来源。仅仅从科学的层面去理解研究对象，虽然是正确的，但是如果不从科学的产生这个角度去理解，容易产生片面性。事实上，如果离开了一个个具体国家的事实，离开了一个个国家具体的实践，哪有什么关于社会经济发展的一般规律？要充分认识到这一点。

对于中国特色社会主义政治经济学这个概念本身可以有两种理解。一种是中国特色的社会主义政治经济学，这个社会主义政治经济学不是苏联的、东欧的，而是中国的、中国特色的，所以叫中国特色的社会主义政治经济学，本质还是社会主义政治经济学。还有另外一种解读，即中国特色社会主义的政治经济学，这个“的”字加在不一样的地方含义完全不同。把“中国特色的”当作定语，它是形容词。而在“中国特色社会主义的政治经济学”这个理解中，“中国特色社会主义”就成了“政治经济学”的研究对象。显然，这两种解读差别很大，这种说法有些人可能不赞成。比如，我们国内有一些所谓著名经济学教授就认为现代经济学就一种，哪有什么中国特色经济学、美国特色经济学、日本特色经济学？我觉得他们太自信了。经济学从来就不是只有一种。例如，法国经济学和英国经济学是一样的吗？实际上，英国与法国的经济学不一样，德国和美国的也不一样，马克思主义经济学和西方经济学更是不一样。凭什么说只有一种经济学？凭什么说西方主流经济学就是现代经济学并且是唯一科学的经济学？实际上这是一种经济学帝国主义思想，言外之意就是马克思主义经济学也不是科学的经济学。我们就从来不说马克思主义经济学是唯一科学的经济学，这种说法太绝对了。社会科学和自然科学本来就不一样，怎么能用自然科学的标准标榜自己是唯一的？所以，无论是讲“中国特色社会主义的政治经济学”还是讲“中国特色的社会主义政治经济学”，只要加上“中国特色”这四个字，有一些人就不接受，认为这是胡闹。一些人认为，经济学有现成的，而且被世界大多数国家认可是唯一科学的经济学，还要搞什么中国特色的经济学？显然，中国特色社会主义政治经济学这个概念要能成立、理论要能成立，首先我们必须破除这些人的这种似是而非的错误观点。

裴长洪教授举了很多例子，说明西方经济学的理论很多确实是来源于西方国家，尤其来源于美国。这让我又想起 2012 年 6 月习近平同志考察时所说的，对西方经济学不能照搬照抄，那样会水土不服，而且会误人子弟。对待马克思主义经济学也不能照搬照抄。从一定意义上来说，我们已经经历过两个历史阶段的教条主义。计划经济时期，虽然我们也发展了马克思主义，但在一定程度上曾经教条主义地对待马克思主义。改革开放后，尤其是 20 世纪 90 年代以来又出现了另外一种教条主义，就是教条主义地对待西方经济学，认为它是唯一科学的经济学，这是一种新教条主义。经过几十年的发展，我国在各方面已经比较成熟，应该有自己的理论体系了，确实是到了创建属于中国人的伟大理论贡献的中国特色社会主义政治经济学的新时代了。所以，中国特色社会主义政治经济学要立得起来，就必须破除新的教条主义，否则认为经济学只有一种，就没法弄了。

我们要看到，刚才说两种解读有很大的差别，但是也要看到它们共同的一面。无论叫中国特色的社会主义政治经济学，还是叫中国特色社会主义的政治经济学，反正都是政治经济学，而且都是社会主义的政治经济学，从这个意义上来讲本质上是有相同之处的。但是这个“的”加的地方不一样确实是有很大差别。差别在于，如果把它理解为只是中国特色的社会主义政治经济学，往往容易让我们始终在原来的社会主义政治经济学的思路上考虑问题。作为理论体系的社会主义政治经济学，最早产生于苏联斯大林时期，也就是20世纪50年代。到今天为止，苏联教科书对中国政治经济学仍然影响深远，虽然我们也有很多创新和发展，但是很多东西还没有摆对。所以需要一种新的理解，即研究中国特色社会主义的政治经济学，就是以中国社会主义的经济发展为对象来建立一种经济学，因为这个理解与原来社会主义政治经济学的理解是不一样的，明确地强调了我们国家的重要性，强调了中国特色社会主义的重要性。因此，我们不再去抽象地研究一般的社会主义发展规律，而是重点研究中国的发展规律，把中国的发展规律研究清楚之后，再上升到社会主义的一般发展规律。中国搞好了社会主义，世界的社会主义才有希望，这是我们现在看到的一点。中国社会主义搞得好不好，不光是中国一个国家的事，中国特色社会主义不断发展并最终在世界上领先了，那么它就具有了世界意义，我们要有这种意识。把中国特色社会主义政治经济学理解为“中国特色社会主义的政治经济学”的最根本意义在哪里？在于我们确立了对社会主义新的理解。长期以来我们在问什么是社会主义时，大家就翻马恩经典著作，包括《资本论》《共产党宣言》《哥达纲领批判》等。需不需要翻经典？当然需要。因为马克思和恩格斯对于社会主义的原则和基本特征进行了很好的理论概括。但是过去翻得太多了，只知道从书本上翻，并且总是把书上说的当成绝对标准。从一定意义上说，把马克思主义理论运用于中国实践这个提法容易产生误导，以为只要把马克思主义理论直接运用于中国就行了。还是党中央的提法更准确："把马克思主义的普遍原理和中国实践相结合"。抱着直接运用理论于实践的思路去理解，容易产生误导。社会科学理论只能作为指导，没法直接运用。劳动价值理论能够用来干什么？理论起到的是指导作用，是一种分析问题的可用工具。所以，长期以来人们对于社会主义的理解多多少少存在本本主义的色彩，把马克思、恩格斯关于社会主义那些原则的论述当作衡量社会主义的唯一标准，把社会主义的过程、道路和我们必须通过一系列过程道路要达到的终极目标混为一谈了，这应该是过去计划经济时代和改革开放以来的重大差异之所在。所以，邓小平同志说过，虽然搞了几十年，但是对于什么是社会主义、如何建设社会主义并不是特别清楚。这是非常深刻的见解。正是对社会主义有了新的理解，才有了改革开放。在这一点上，邓小平同志非常伟大。坚持从实践出发、从中国现实出发，坚持一切从实际出发来探索符合中国国情、符合我们现实条件的社会主义的发展道路，这就是我们改革开放所做的事。我们搞社会主义，社会主义既是一个目标，也是一条现实的道路。现实生活当中社会主义应该长成什么样，只能是什么样？不能完全按照马恩的著作去理解。到今天为止，特别是对我们搞马克思主义的人来讲，要学会自我批判，我们对社会主义的理解还多多少少带有教条主义的色彩，一讲什么是社会主义就拿着马恩的原话来衡量现在的中国。有人甚至认为，中国根本不是什么中国特色社会主义，而是中国特色资本主义。中国社会是资本主义社会吗？不是。所以说，教条主义害死人。中国特色社会主义政治经济学这个概念、这个范畴的提出，最重大的意义是再一次说明了我们对社会主义的科学理解，实事求是的理解。社会主义在现实中就是从一个国家开始的，我们是在中国这一国的范围内搞社会主义，不是如马克思所说的在许多发达国家胜利了以后一起来搞社会主义，不是一个国家消亡了才搞社会主义，我们要尊重我们这个国家的道路、尊重我们的历史、尊重我们的国情、尊重我们的实践，我们就是在创造，社会主义不是从天上掉下来的，我们在创建的过程当中，走的就是中国特色社会主义道路。怎么不行呢？我们有私有制，有市场经济，有外资，只能这么搞。现在搞一个纯粹的社会主义能行吗？实践证明不行，这个特别重要。所以，中国特色社会主义政治经济学，我们必须把它理解为关于中国特色社会主义的政治经济学。这样的理解符合前面讲的人类认识和社会科学发展的规律，我们只有先搞清楚中国特色社会主义的发展规律是什么，才能进一步认识社会主义的一般发展规律是什么，从个别上升到一般、从一国上升到一个社会形态，这是认识发展的规律。提出中国特色社会主义政治经济学这个范畴最重大的意义就在这里。这是对社会主义认识上的又一次飞跃，这个理论认识更明确了，这也充分反映了习近平同志对于中国特色社会主义道路的自信。所以，我们要这样来理解中国特色社会主义政治经济学：它的研究对象就是中国特色社会主义。

有了这样的理解，承接刚才说的研究目的的三个层次，从实际出发来研究中国特色社会主义的问题，也包含了相应不同的内容。一方面，为了揭示规律，就必须研究中国特色社会主义生产方式以及与之相适应的生产关系、交换关系等。从这个方面来讲，我们可以继承马克思的传统。另一方面，中国特色社会主义面临的不光是这个问题，所以研究对象还要扩展，扩展到第一个层面，我们还必须研究中国现阶段的生产力与生产关系、经济基础与上层建筑的关系及其矛盾运动。过去政治经济学强调生产关系，虽然正确，但是还不够，因为没有充分反映中国特色社会主义现实发展的特点。我们的特点是什么？党的文件说得很明白，中国特色社会主义的第一个特点是党的领导。党的领导在政治经济学里却没有体现，这恐怕不行。所以必须研究经济基础和上层建筑之间的关系、矛盾运动。还有生产力问题，我们不是像工程技术学那样研究生产力问题，但是我们必须关注解放、发展和保护生产力的问题，这是现实赋予我们的重大理论任务。政治经济学不研究生产力问题能行吗？我们有很多人思想有点跑偏了，对生产力问题还是没有足够重视，甚至有人说中国的生产力这么发达了，已经过分发达了，都已经生产过剩了，还发展什么生产力？在生产方面，中国有的方面确实是世界一流，非常发达。但是我们还是一个发展中国家。所以，还是要把生产力、生产关系、上层建筑这几个方面问题都纳入进来。在这个方面，《资本论》给我们提供了典范。《资本论》里面有没有研究上层建筑？有的，工厂法就是上层建筑。有没有关于生产力的研究？马克思研究的协作、分工和机器的产生，就是对于生产力问题的研究。我们要向马克思学习，对于作为一个社会有机体的整个社会主义发展中的这几个方面都要去研究，而不能仅仅拘泥于生产方式、生产关系，那太狭隘了，所以，我们对于中国特色社会主义政治经济学的研究对象的理解要进一步扩展，因为只有这样才能实现前面所说的三层目标和任务。

三、《资本论》与中国特色社会主义政治经济学的方法论

关于方法论，里面涉及的内容会非常多，这里我只讲一个主要的方面。

从一定意义上来说，传统社会主义政治经济学理论里存在一个巨大的理论矛盾。长期以来，我们对历史唯物主义的理解更多地是从唯物主义这

个角度来理解的，辩证法体现得不够。从唯物主义出发来理解，更多地强调的是物质生产力对于生产关系和上层建筑的决定作用。用这样的一种理解来解释我们为什么改革开放，为什么发展非公有制经济，为什么搞市场经济，都是用生产力落后来解释的。可是我们在理论上没有贯彻同一个逻辑来解释另外一个问题，就是为什么搞公有制，为什么搞社会主义。既然生产力落后是一个前提，为什么从生产力落后能够推出两个不同的东西，一个是公有和社会主义，一个是非公有和市场经济？显然这里存在理论逻辑的问题。如果从更深层的意义来看，从历史的角度来看，我们进行社会主义改造的时候，当时的生产力发展水平显然还是非常落后的，仅仅用生产力发展水平来解释为什么要建立公有制，在理论上是缺乏足够的说服力的。所以，在理论上必须进行新的探索。

之所以产生上面的理论问题，是因为我们过去对历史唯物主义的理解存在片面性，过于机械地强调了生产力对于生产关系和上层建筑的决定作用，而没有能够从中国实际出发，全面认识生产力与生产关系、经济基础与上层建筑之间的能动的辩证关系。如何用一套统一的理论和逻辑解释清楚中国为什么既要发展公有制经济和社会主义，又要发展非公有制经济和市场经济，从而给中国特色社会主义提供一个完备的理论解释，是中国特色社会主义政治经济学必须解决的重大理论课题。这就需要在历史哲学方面有所创新，突破原来的理解。过去对于生产力与生产关系、经济基础与上层建筑之间的关系的理解，多是一种单向式的理解，也就是单向强调生产力对于生产关系以及经济基础对于上层建筑的决定作用，这很不够。我们要从中国社会主义实践出发去寻求新的理论解释，这就涉及对于历史唯物主义的重新理解问题。

众所周知，马克思是通过批判黑格尔法哲学理论以及对于历史的研究这两个方面建立起来的。一般认为，历史唯物主义理论揭示了人类社会发展的一般规律。但是不能把人类社会发展一般规律等同于特定历史阶段的发展规律。生产力对于人类社会形态的更替、发展具有终极的基础作用，这是马克思主义的理论常识。但是，为什么我们学界还有人在争论，到底是生产关系决定生产力，还是生产力决定生产关系呢？问题出在哪？问题出在一个是从整个人类历史来看的，一个是从当前社会发展的一定阶段来看的。实际上这里讨论的是两个不同的问题，而不是一个问题。从人类历史发展的全部过程角度来讲，生产力是生产关系的基础，这没有错，但是从我们现实的实际发展来看，生产力是怎么发展的？没有一定的生产关系和调整及其对生产力的能动作用，生产力能够孤立地发展吗？所以，需要从辩证法的角度出发去理解，从生产力与生产关系、经济基础与上层建筑的辩证关系出发去理解。历史唯物主义并没有给我们一个唯生产力论，强调生产力的终极作用是对的，但不能是唯生产力论。关于这一点恩格斯晚年做了很多解释，核心意思就是应该辩证地去看社会的发展，不能形而上学地看问题。不能因为强调生产力的终极作用就去否定生产关系的能动作用，也不能因为强调生产关系的能动作用又滑向了历史唯心主义。从中国现代史的角度看，我们应该强调生产关系对生产力的能动作用，强调上层建筑对于经济基础的能动作用。这一点确立以后，我们再去理解中华人民共和国成立以来的整个历史过程就非常清楚了，因为这样的理解符合中华人民共和国成立以来的历史实际。假如不是这么理解，死搬生产力决定论，就会产生理论上的矛盾。1952 年中国的生产力落后，为什么要搞公有制，仅仅从生产力的角度出发可能解释不清楚。1949 年新民主主义革命胜利后开始恢复经济，1952 年开始社会主义改造，到 1956 年改造完成，实际上建立起了社会主义新的国家形态，然后通过社会主义建设，中国发展了。这个就是事实，我们的理论应该反映这个事实。中华人民共和国成立以来的发展顺序本来就是先有新民主主义国家，再建立公有制，进入到社会主义发展阶段。新民主主义是一种过渡形态，毛泽东早就在理论上说清楚了，这个形态是不稳定的，必然要过渡到社会主义，否则要倒退。1949年建立了共产党领导的中华人民共和国，要使新国家继续巩固下来，就必须有自己的经济基础，所以必须建立公有制。由于过去中国农业生产力落后，没有办法一下子国有化，所以，通过打土豪、分田地，搞了几年经济恢复，然后过渡到集体所有制。这个事实反映了什么？反映了我们是先有新的国家形态的建立，然后有社会主义公有制，包括国有和集体所有制，通过这两种公有制来发展生产力。这样一个发展过程，显然与过去我们理解的历史唯物主义一般原理不太一样。中国社会主义的建立和发展，始终是在共产党的领导和国家的主导下进行的，这是中国现实社会主义最重要的特点，与马克思理论上讲的社会主义确实存在重要区别。

中国特色社会主义实践和发展的历史过程表明，对于中国历史发展规律的认识，不能简单照搬照抄历史唯物主义原理。必须从理论上概括出中国特色社会主义道路的规律性，这就需要有历史哲学理论的创新。中国特色社会主义道路和制度的形成和发展，不是简单照搬马克思主义理论的结果，而是在马克思主义理论指导下进行了伟大的实践创造。这个创造的起点，就是新的国家形态的形成和发展，因此在理论上，“国家”作为一个范畴就应该纳入中国特色社会主义政治经济学理论体系中来。以前的各种理论体系，很多是在照葫芦画瓢，要么仿照苏联教科书，从所有制开始讲起，要么仿照《资本论》的逻辑，提出了各种不同的体系设想。实践表明，理论效果都不是很好。现有的社会主义政治经济学著作和教材，都还没有达到“系统化的经济学说”的标准和水平，理论上都是块状的，缺乏一条红线，逻辑性也不是太明显。所以，构建中国特色社会主义政治经济学理论体系仍然任重而道远。

这里我提供一个新的构想，以国家为起点，以经济与政治的关系为主线，中国特色社会主义政治经济学理论体系包括以下几个部分：

首先是“导论”，主要阐述研究目的、研究对象、方法和方法论、逻辑思路、学科性质和定位等内容。第一章“国家与社会主义”，主要阐述社会主义的国家性、社会主义的国家和社会、传统文化与西方文化、国家理论批判等。第二章“现代中国的政治与经济的关系”，主要阐述中国的政治制度与经济制度的关系。中国的经济制度与政治制度的关系经历了两个发展阶段，从政治挂帅到以经济建设为中心，最高层次是国家治理现代化。这一章还包括传统经济学和政治学批判。第三章“国家与两种公有制”，主要阐述社会主义国家的原始积累与两种公有制形式的关系，两种公有制之间的关系，还有对传统所有制理论的批判。第四章“国家与国有企业”，中国的国有企业问题离开了国家是讲不清楚的，用西方经济学和马克思的公有制理论也是说不清楚的，所以，必须从新的国家理论出发来理解国家所有与国有企业问题。在理论上主要从国家出发阐述国有企业的性质、国有企业的经济和政治职能、国有企业的内在矛盾、国有企业改革的方向和原则等问题，最后是批判国有企业私有化理论。第五章“国家与农村集体所有制”。内容及逻辑与上一章类似。第六章“国家与非公有制”，主要阐述国家与非公有制的关系、我国非公有制经济的性质、非公有制经济与公有制经济的关系、非公有制经济发展的范围和限度等问题，最后是批判非公有制万岁论。第七章“国家与市场”，主要阐述国家、政府、市场三者的关系，而不是仅仅讲政府和市场关系。最后是批判市场万能论。第八章“国家与收入分配”，主要阐述国家主导下的收入分配制度和收入分配关系，批判西方收入分配理论。第九章“国家与经济发展”，主要阐述国家发展道路、发展模式、发展战略、发展方式、国民经济现代化、国家现代化等问题，最后是批判西方发展经济学。第十章“国家竞争与对外开放”，主要阐述社会主义国家与对外开放的关系、国家竞争与制度竞争、世界体系和格局的发展变化、新国际主义等问题，最后是批判新帝国主义。第十一章“中国特色社会主义的发展前景”，主要探讨国家社会主义的历史地位和发展前景问题。

以上是一个非常大概和粗糙的思路，供大家批判。

图书在版编目（CIP）数据

完善中国特色社会主义政治经济学理论体系十讲/《完善中国特色社会主义政治经济学理论体系十讲》编写组著. —北京：中国人民大学出版社，2019.1
（中国人民大学·政治经济学大讲堂）
ISBN 978-7-300-26612-1

Ⅰ. ①完… Ⅱ. ①完… Ⅲ. ①中国特色社会主义-社会主义政治经济学-研究 Ⅳ. ①F120.2

中国版本图书馆 CIP 数据核字（2019）第 001351 号

中国人民大学·政治经济学大讲堂
完善中国特色社会主义政治经济学理论体系十讲
本书编写组 著
Wanshan Zhongguo Tese Shehui Zhuyi Zhengzhi Jingjixue Lilun Tixi Shijiang

出版发行	中国人民大学出版社		
社　　址	北京中关村大街 31 号	**邮政编码**	100080
电　　话	010－62511242（总编室）		010－62511770（质管部）
	010－82501766（邮购部）		010－62514148（门市部）
	010－62515195（发行公司）		010－62515275（盗版举报）
网　　址	http://www.crup.com.cn		
	http://www.ttrnet.com（人大教研网）		
经　　销	新华书店		
印　　刷	涿州市星河印刷有限公司		
规　　格	170 mm×240 mm　16 开本	**版　　次**	2019 年 1 月第 1 版
印　　张	14.5 插页 1	**印　　次**	2019 年 1 月第 1 次印刷
字　　数	183 000	**定　　价**	48.00 元

版权所有　侵权必究　　印装差错　负责调换